Dieses Buch widme ich dankbar allen Kindern und Jugendlichen, die ich vertrauensvoll auf ihrem Lebensweg begleiten und beraten durfte und von denen ich immer sehr viel gelernt habe.

Bibliografische Information der Deutschen Nationalbibliothek:
Die Deutsche Nationalbibliothek verzeichnet diese Publikation in der Deutschen
Nationalbibliografie; detaillierte bibliografische Daten sind im Internet über
http://dnb.d-nb.de abrufbar.

 **Dieses Buch ist in einer verlagskonform geschlechtsneutralen Schreibweise verfasst und soll alle Menschen dieser Welt ansprechen. Wir verstehen uns als Verlag für Diversität und Inklusion aller Persönlichkeiten, auch wenn in diesem Buch bestimmte stereotype Charaktere abgebildet sind.**

1. Auflage	Februar 2023
© 2023	edition riedenburg
Verlagsanschrift	Adolf-Bekk-Straße 13, 5020 Salzburg, Österreich
Internet	www.editionriedenburg.at
E-Mail	verlag@editionriedenburg.at
Lektorat	Dr. Heike Wolter, Obertraubling
Fachlektorat	Mag. Sigrun Eder, Klinische Psychologin und Psychotherapeutin, Salzburg
Bildnachweis	Fotos Sonja Katrina Brauner © Bernhard Brauner
Satz und Layout	edition riedenburg
Herstellung	Books on Demand GmbH

ISBN 978-3-99082-120-6

Psychotherapeutin
Sonja Katrina Brauner

Illustrationen
Scarlett Müller-Mangelberger

Meerjungfrau *Lyra* verlernt das Ritzen

Fabelhafte Soforthilfe und nachhaltige Maßnahmen bei selbstverletzendem Verhalten, Essstörungen, Zwängen und anderen Störungen

Mit wirkungsvollen
Körperübungen für mehr Selbstwert
von der erfahrenen Kinder- und Jugendlichen-psychotherapeutin

edition riedenburg

Inhalt

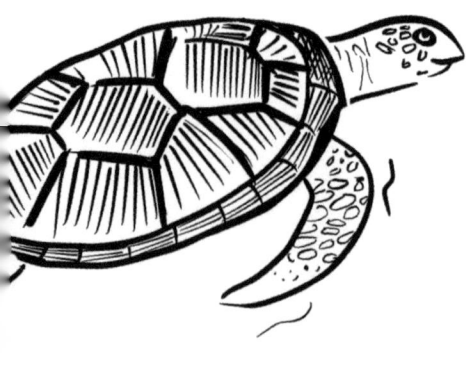

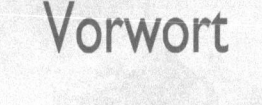

Vorwort

Liebe Eltern, Expert*innen und interessierte Jugendliche,

ein gutes und intaktes Selbstwertgefühl ist die Grundlage für ein Leben voller Gesundheit und Glück. Aktuelle Studien zu Kinder- und Jugendgesundheit zeigen jedoch, dass die Belastungen weiter angestiegen sind und inzwischen ungefähr jedes dritte Kind an psychischen Auffälligkeiten leidet.

Seit über 35 Jahren arbeite ich mit Kindern und Jugendlichen in Krisensituationen und erlebe in meiner Arbeit fast täglich, wie sich diverse Störungen im Laufe der Jahre häufen. Und nicht nur das: Heranwachsende versuchen außerdem, sich immer extremer auszudrücken. Das Alter der sich selbst verletzenden Kinder, die zudem Suchtmittel missbrauchen, Suizidversuche unternehmen und unter Angst- und Essstörungen leiden, ist bedauerlicherweise deutlich gesunken.

Da ich selbst in einem Kinderheim geboren wurde und viele Dinge miterlebt habe, die häufig auch meine jungen Klient*innen betreffen, weiß ich sehr gut, wie sich Krisensituationen anfühlen. Andererseits habe ich auch gelernt, dass es möglich ist, daran zu wachsen, um später ein glückliches und erfolgreiches Leben zu führen.

Dieses Buch hat das Ziel, das Selbstwertgefühl von Kindern und Jugendlichen nachhaltig zu steigern. Hierzu dienen zahlreiche funktionale Körperübungen, die sich über die Jahre in meiner Praxis bewährt haben.

In ausgedachten Fallbeispielen schildern erfundene Fabelwesen außerdem aus ihrer Sicht, was neben einer liebevollen und wertschätzenden Haltung des Umfeldes notwendig ist, um jungen Geschöpfen guten Selbstwert und sicheres Urvertrauen zu vermitteln. Die leicht lesbaren Geschichten eignen sich zur Anwendung in Therapie und Praxis sowie für den Hausgebrauch.

Viel Spaß beim Lesen, Nachdenken und Ausprobieren guter Körperübungen wünscht allen Leser*innen und Anwender*innen herzlichst

Sonja Katrina Brauner

Sonja arbeitet auch gerne als Clownfrau und bringt so mehr Spaß in die praktische Psychotherapie.

Wichtiger Hinweis

Bist Du Jugendliche*r?
Dann fang am besten ab
Seite 20 zu lesen an.

Ich empfehle Dir, das
Buch in Begleitung
erwachsener Personen zu
lesen und zu bearbeiten.

Sind Sie in der professionellen
Beratung tätig?

Dann lesen Sie bitte auf
der nächsten Seite weiter.

Einführung für die Arbeit
in Beratung, Begleitung
und Behandlung

Um einerseits zuverlässig Anonymität zu gewährleisten und andererseits die wirksamen Körperübungen bereits jüngeren Kindern verständlich zu erklären, habe ich meine ehemaligen Klient*innen der folgenden Geschichten in bunte Fabelwesen verwandelt. Deren oft sehr harte und auch grausame Realität wird in eine frei erfundene Geschichte verpackt und schafft so automatisch eine gewisse Distanz.

Fantasie und Spiel bieten dabei nicht nur jugendlichen Leser*innen die Möglichkeit, sich selbst in bestimmten Anteilen wiederzufinden. Auch für das begleitende Umfeld ist es auf diese Weise einfacher, einen neutralen Bogen zur lebenswirklichen Realität zu spannen.

Wir begegnen auf den nächsten Seiten:

- *Lyra, der ritzenden Meerjungfrau,*
- *Emilio, dem kotzenden Drachen,*
- *Orlando, dem von Geburt an suchtkranken Kobold,*
- *Eva, dem schweigsamen Einhorn,*
- *Miranda, der Haare ausreißenden Elfe,*
- *Elazar, dem ängstlichen Flugdrachen, seiner Schwester Samara, die schlimme Wörter sagt, und seinem Bruder Felix, der sich immer wäscht,*
- *Lino, dem beißenden Riesen, und*
- *Tessa, der zwanghaften Hexe.*

Die im Anschluss an die jeweiligen Kurzgeschichten vorgestellten, von mir über die Jahre erprobten Körperübungen sind bewusst einfach aufgebaut und funktionieren meist sehr gut als Stabilisierungs- und Ressourcenübungen. Und zwar sowohl einzeln als auch in der Gruppe.

Nach der intensiven Arbeit mit über 2.000 Menschen lassen sich von mir zwar keine Patentrezepte mit sicherer Wirkung ableiten, wohl aber möchte ich bestätigen, dass die funktionellen Körperübungen bei regelmäßiger Anwendung langfristig wirksam sind. Sie stärken überdies die psychische Gesundheit und bilden somit die wertvolle Basis für eine gelungene Zukunft.

Durch die Überwindung der belastenden Faktoren steht einem guten und glücklichen Leben nichts mehr im Wege.

Haltung und Wertschätzung

Am Beginn jeglicher Beratung, Behandlung oder Begleitung nicht nur jugendlicher Klient*innen steht die Aufgabe, die persönlichen Haltungen seines Gegenübers gründlich zu überprüfen.

Personen mit Auffälligkeiten fordern uns meist sehr heraus und brauchen daher umso mehr einen liebevollen, wertschätzenden und möglichst neutralen Blick.

Folgende Fragestellungen können bei der Überprüfung der persönlichen Grundhaltung hilfreich sein:

- *Was nehme ich äußerlich und innerlich bei meinem Gegenüber wahr?*
- *Wie kann ich diese Wahrnehmung wertfrei beschreiben?*
- *Was löst das Verhalten der zu begleitenden Person in mir aus?*
- *Welche Erwartungen habe ich an das Kind/den Jugendlichen/die Jugendliche?*
- *Ist das Kind oder der/die Jugendliche überhaupt dazu in der Lage, meine Erwartungen zu erfüllen?*
- *Wie ordne ich das Verhalten meines Gegenübers in mein persönliches Wertesystem ein?*

- *Wobei hat dem Kind/dem Jugendlichen/der Jugendlichen seine/ihre spezielle Auffälligkeit bislang geholfen?*
- *Wann hat sie sich entwickelt?*
- *In welcher Frequenz zeigt sie sich wann, wo und wodurch?*
- *Wie ist die Reaktion des Kindes oder des/der Jugendlichen und des gesamten Umfeldes darauf?*

- *Woran erkenne ich eine Auffälligkeit, die ich nicht selbst (er-) kenne? Bin ich regelmäßig in Supervision, um mein Handeln zu reflektieren?*
- *Wodurch erkenne ich mögliche Veränderungen?*
- *Wie kann ich deutliche Verbesserungen feststellen?*
- *Was ist hilfreich für meine Arbeit?*
- *Welche gemeinsamen Ziele mit dem Kind oder dem/der Jugendlichen sind realistisch?*

Stabilisierungs- und Ressourcenübungen

Die folgenden Stabilisierungs- und Ressourcenübungen sind grundsätzlich für alle Kinder und Jugendlichen gut anwendbar. Sie lassen sich sowohl im Einzelsetting als auch im Gruppensetting umsetzen.

Der sichere Ort

Für eine gelungene Beratung/Begleitung/Behandlung sollte ein sicherer, liebevoller Ort geschaffen werden, in dem sich das Kind oder der/die Jugendliche wohlfühlt und an den es/er/sie gerne kommt.

Vor allem am Anfang der gemeinsamen Arbeit ist es wichtig, Rituale, Übungen und Spiele anzubieten, die in erster Linie Spaß machen. Dies fördert eine gute Beziehung zwischen der begleitenden Person und dem Kind. Außerdem besteht so die Chance, dass das Kind auf diese Weise neue, gute Bindungsmuster erlernt.

Themenwahl

Besprechen und bearbeiten Sie die folgenden Themenbereiche ausführlich mit Kindern und Jugendlichen:

Das kann ich besonders gut

> *Schreibe bitte alles auf, was Dir dazu einfällt. Von Radfahren über Malen und vielleicht Sudoku lösen, bis hin zu Akrobatik oder Lesen. Einfaches, Gewöhnliches, Besonderes, Einzigartiges, Langweiliges, Aufregendes mit Spaß und Spannung.*

> *Allein, zu zweit, in der Familie, in der Klasse, in der Gruppe, zu Hause, drinnen und draußen.*

Was ich gerne mache

Schreibe bitte alles auf, was Du gerne machst. Dazu gehören beispielweise Eis essen, mit Freunden quatschen, shoppen, tanzen, lachen, chillen, Sport machen, spielen und Filmabende.

Einfache, schwierige, leichte, langsame, schnelle, lustige, aufregende und langweilige Dinge können das sein.

Wen ich gerne mag

Denke an alle Personen, die Du gerne magst und die einfühlsam und liebevoll mit Dir umgehen. Schreibe diese bitte auf.

 In weiterer Folge geht es darum, bestehende Verhaltensmuster gemeinsam zu überdenken und neu zu formen:

Was ich künftig sein lasse

Es gibt Dinge, die uns nicht guttun und die wir trotzdem machen. Lass Dir Zeit und überlege, was Du künftig nicht mehr machen möchtest. Auch, wenn es oft länger dauert, bis sich Gewohnheiten verändern, kannst Du Dir Deine Ziele schon jetzt aufschreiben.

Welche neuen Ideen für die Zukunft gibt es?

Was möchtest Du noch gerne alles erleben? Welche Wünsche hast Du für die Zukunft? Schreibe sie alle auf ein großes Blatt Papier.

Mein Notfallkoffer

Das Packen eines Notfallkoffers (es kann auch eine Tasche sein) ist eine schöne und stabilisierende Übung, die Dir helfen kann, wenn es Dir in manchen Situationen nicht so gut geht.

Dort hinein dürfen nur Fotos/Bilder von Menschen und Dingen, die Du gerne magst. Außerdem Lieblingserinnerungsstücke, Düfte, Deine Lieblingsschokolade oder Ähnliches, Deine Lieblingsmusik, Deine Lieblingskleidung und alles, womit Du Dich wohlfühlst.

Verwahre den Notfallkoffer an einem Ort, an dem Du ihn sofort herausnehmen kannst, wenn Du ihn brauchst.

Mein Stammbaum

Hinweis: Die Arbeit am Stammbaum und an den eigenen Wurzeln ist nur bei Kindern sinnvoll, die einzelne, wirklich gute Personen benennen können, die sie unterstützen bzw. unterstützt haben. Bei Kindern und Jugendlichen, die von der Familie misshandelt und/oder missbraucht wurden, sollte der Fokus auf das soziale positive Umfeld gelegt werden, in dem Lehrer*innen, Betreuer*innen und Freund*innen eine Rolle spielen. Eine Stammbaum-übung könnte sonst kontraproduktiv, im schlimmsten Fall eventuell sogar traumatisierend sein.

Das untere Kästchen im Stammbaum ist immer für Dich. Bitte schreibe Deinen Namen und Dein Geburtsdatum hinein. Die beiden darüberliegenden Kästchen auf der linken und rechten Astgabel sind für Deine Eltern reserviert. Trage hier bitte ebenso deren Namen und Geburtsdaten ein. Die wieder davon abgehenden Kästchen sind für Deine Großeltern, die Du auch namentlich und mit Geburts- und ggf. Sterbedatum einschreibst. Lass Dir dabei helfen und sprich viel mit Deiner Familie über diese Vorfahren von Dir. Womöglich findest Du sogar etwas über Deine Urgroßeltern heraus. Selbstverständlich kann der Stammbaum über mehrere Generationen erweitert werden.

Nach den formalen Eintragungen geht es nun um die inhaltlichen Beschreibungen. Beginne zuerst mit den Kraftquellen, Ressourcen und Talenten. Wie sah der Körper dieser Person aus, welche Talente und Begabungen hatte er/sie? Welche guten Dinge hat er/sie in seinem/ihrem Leben bewirkt? Wenn Du die Familienangehörigen nicht gekannt hast, welche Erzählungen gab es über sie? Schaue Dir bei Bedarf Briefe, gesammeltes Material und Fotos an.

DAS BIN ICH!

19

Ich möchte euch nun gerne etliche fabelhafte Klient*innen vorstellen. Die Meerjungfrauen, Drachen und Kobolde sind nämlich als Fabelwesen allesamt verzaubert.

Hättet ihr gedacht, dass es auch in fantastischen Welten diverse Abweichungen von der Norm gibt? Wer genau hinsieht, wird rasch merken, wo die Probleme liegen und was den fabelhaften Figuren besonders guttut. Sie meistern ihr Schicksal mit vielen kreativen Lösungen, die von Erdlingen unschwer nachgemacht werden können. Mit viel Fantasie, Zeit, Geduld und Körperarbeit lassen sich in den fabelhaften Welten und auch bei uns gute Erfolge erzielen.

Ich wünsche euch allen viel Spaß beim Eintauchen in fremde Gewässer, Gefilde und wahre Traumwelten.

20

Fabelhafte Fallbeispiele

Lyra, die ritzende Meerjungfrau

Hallo, ich bin Lyra, die ritzende Meerjungfrau.

Letzte Woche wurde ich vierzehn dunkelblaue Ozeanjahre alt. Ich liebe es, mich hinter roten Korallen zu verstecken. Weil ich sehr klein bin, sieht man mich nicht sofort. Manche denken, ich sei ein Seepferdchen, doch meine bunt leuchtenden Schuppen stechen überall heraus.

Seit einem Jahr lebe ich in der Wohngemeinschaft „Meeresschildkröte" mit anderen Meerjungfrauen zusammen. In meinem Zuhause war es für mich nicht immer leicht. Meine Eltern haben mich oft angeschrien und geschlagen. Manchmal haben sich Mama und Papa sogar gegenseitig wehgetan. Dann haben sich mein Bruder Ben und ich flach wie eine Flunder auf den Meeresboden gelegt und uns unsichtbar gemacht.

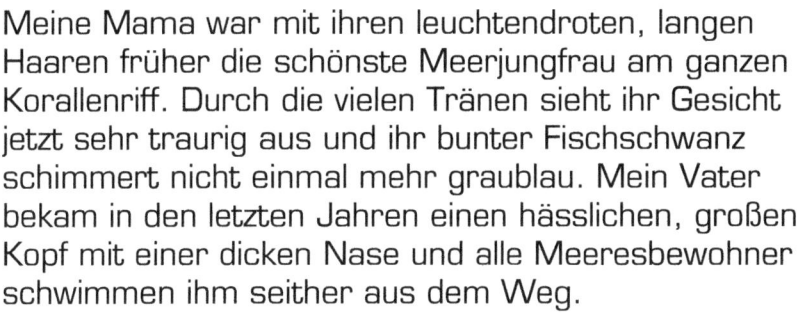

Meine Mama war mit ihren leuchtendroten, langen Haaren früher die schönste Meerjungfrau am ganzen Korallenriff. Durch die vielen Tränen sieht ihr Gesicht jetzt sehr traurig aus und ihr bunter Fischschwanz schimmert nicht einmal mehr graublau. Mein Vater bekam in den letzten Jahren einen hässlichen, großen Kopf mit einer dicken Nase und alle Meeresbewohner schwimmen ihm seither aus dem Weg.

Irgendwann begannen Mama und Papa nämlich damit, gemeinsam am Meeresboden regelmäßig sehr viel Alkohol aus den Fässern der versunkenen Schiffe auszutrinken. Danach waren sie meistens schlecht gelaunt.

Wenn unsere Eltern stritten, schwamm ich mit meinem kleinen Bruder Ben und unseren Freunden weit raus ins Meer auf ein gut verstecktes Korallenriff. Dort spielten wir mit den Schildkröten, Fischen und Algen.

Wir bauten Höhlen und tanzten über den bunten Teppich der Seeanemonen. Ich konnte 375 Saltos hintereinander machen und brachte sie auch den anderen bei. Besonders schwierig war das bei der 102 Jahre alten Schildkröte. Wir mussten sie festhalten, damit sie nicht immer auf ihrem Rücken und auf dem Meeresboden landete. Im Gegenzug hat uns die alte Schildkröte auf ihrem Rücken sitzen lassen.

Abends wollten wir meistens nicht nach Hause schwimmen. Wir wussten, dass es nichts zu essen geben würde. Dafür viele Schläge. Ben und ich waren immer ganz leise, wenn wir in der Höhle ankamen. Trotzdem wurden wir bestraft.

Eines Tages habe ich damit angefangen, meine langen, blaurosaroten Nägel abzubeißen, und Ben hat fast jede Nacht in sein Algenbett gemacht.

Mit elf dunkelblauen Ozeanjahren haben meine Freundin und ich beobachtet, wie sich andere Meerjungfrauen heimlich an einem schroffen Schiffsbug ritzen. Wir nahmen beide eine kleine Nadel und probierten es auch aus. Das war sehr aufregend! Unsere bunten Schuppen sind einfach so weggeschwommen, und schon bald wurde es ein kleiner Wettbewerb, wer sich traut, noch tiefer unter die Schuppen zu ritzen.

Wir hatten viele Freunde, mit denen wir das Ritz-Geheimnis teilten. Regelmäßig trafen wir uns auf dem versunkenen Schiff, in dem unzählige Fässer Wein standen, wunderschöne Kronleuchter von den morschen Decken hingen und verblichene Sofas am Meeresboden lagen.

Warum ich ritze? Ich möchte eigentlich gerne schön sein und keine Wunden haben. Doch wenn ich mich ritze, sind die schlechten Gedanken still. Oft liege ich nachts wach und kann nicht schlafen. Ich stelle mir vor, wie es wäre, wenn sich meine Eltern gut verstehen würden und wir alle glücklich wären. Das macht mich sehr traurig. Dann hole ich ein kleines Messer aus der untersten Schublade und beginne damit, meinen Fischschwanz ganz vorsichtig aufzuschneiden. Die leuchtenden Schuppen fallen ab und ich sehe nur noch das rohe, blutende Fleisch.

 Das tut jedes Mal sehr weh. Dafür denke ich dann nicht mehr an das Schreien und Schlagen zuhause.

Meine blauen Haare lasse ich über meine Schuppen
wachsen, damit nicht jeder gleich die Wunden sieht.
Das Ritzen ist mein Geheimnis.

Eines Tages hat meine Lieblingslehrerin, die Nixe Lila,
meine Verletzungen gesehen und ist sehr erschrocken.
Sie fragte mich, ob sie mir helfen könne, und ich
erzählte ihr von zu Hause.

Nach einer Woche kamen dann zwei sehr
freundliche, leuchtende Meerjungfrauen
in unsere Höhle und sprachen mit
mir und meiner Familie. Ben und ich
durften in die Nähe des Korallenriffs zu
sehr lieben Oktopussen ziehen, die mit
ihren vielen Armen gut für uns sorgen.
Am meisten mag ich, dass ich dort
wertschätzend behandelt werde.

Seitdem habe ich keine Angst mehr. Das Nägelbeißen
hat aufgehört, aber das Ritzen an meinen Schuppen
ist noch ein wenig geblieben. Deshalb gehe ich zu einer
älteren Meerjungfrau, mit der ich viel rede, spiele und
lustige Übungen mache. Sie nimmt mich ernst und
erklärt mir auch, warum ich mich ritze.

Der Druck in mir ist oft so stark, dass es leichter ist,
wenn ich mir selbst weh tue. Dann fühlt sich mein
Inneres nicht mehr so schlimm an. Ich werde
ruhiger, meine Gedanken kreisen nicht mehr
um meine Ängste und ich weiß, dass man
mir hilft. Die Tentakelfee am Korallenriff
kümmert sich um meine Wunden, verbindet
sie und ich vergesse in dem Moment alles, was
passiert ist.

Am Anfang haben wir viel über das gesprochen, was ich gut kann und gerne tue. Wir haben große Bilder mit all jenen Dingen aufgemalt, die ich liebe. Auf den Meeresboden habe ich mit Muscheln die Namen meiner Freunde gelegt und Herzen für sie in den Sand gemalt.

Gerade gehen wir durch meinen Körper und arbeiten an den verschiedenen Bereichen. Die Übung mit meiner Haut hilft mir besonders gut. Ich stelle mir die Haut wie meine Wohnung vor, in der ich lebe.

Wenn mein innerer Druck sehr stark wird, presse ich manchmal einen eiskalten Stein oder einen stacheligen Seeigel von außen dagegen. So ist es besser.

Danach wälze ich mich im Sand, bis so viel Staub aufgewirbelt ist, dass man mich nicht mehr sieht. Das gefällt meinen Freunden und auch meinem kleinem Bruder Ben sehr. Oft machen es mir alle nach.

Hast du auch Lust, einige meiner Übungen zu probieren? Dann mach gleich mit!

Lyras streichelweiche Übung mit der Haut

Streichle bewusst mit Deinen Händen über Deine Haut und betrachte sie. Unsere Haut ist das größte Atmungsorgan des Körpers und bildet außerdem die Grenze zur Welt.

Das Wort „Haut" stammt aus dem altgermanischen Wort „ht" und bedeutet „Hülle". Die Dicke unserer Haut beträgt ca. 1,5 bis 4 Millimeter. Die Körperoberfläche, also die Hautfläche einer erwachsenen Meerjungfrau beträgt durchschnittlich 1,73 Quadratmeter, das ist so groß wie ein kleines Segel auf dem Segelboot, auf dem wir manchmal spielen. Insgesamt wiegt unsere Haut ungefähr 10 bis 14 Kilogramm.

An welche guten Körperempfindungen mit deiner Haut denkst Du gerne? Deine Haut oder „Hülle" ist Deine Wohlfühloase. Umarme Dich selbst, wenn es Dir guttut. Spüre den Druck Deiner Arme und wie sich Dein Körper wärmt.

Was brauchst Du, um Dich ganz wohl in Deiner Haut zu fühlen? Tausche Dich mit vertrauten Menschen darüber aus.

Die ältere Meerjungfrau hat mir erklärt, dass alles einen Sinn hat. Durch das Ritzen habe ich meine schlimmen Erlebnisse zuhause ausgehalten. Das war lange Zeit meine Lösung.

Miteinander suchen wir jetzt etwas Neues, das besser und gesünder ist, damit die Spannung in mir nachlässt.

Wir haben begonnen, meine Haut mit einem weichen Pinsel zu streicheln. Das gefällt mir immer besser und ich mag es fast schon mehr als das Ritzen.

Auch die Übungen mit dem Mund sind gut. Ich versuche, unterschiedliche süße, bittere oder scharfe Speisen zu essen, um mich abzulenken. Oft brauche ich verschiedene sehr heftige Reize, damit es mir besser geht.

Schau doch mal, ob du diese Übung auch probieren möchtest. Du kannst die Übungen nacheinander machen oder wann immer du Lust dazu hast.

Lyras Geschmacksübungen

Dieses Mal geht es um Deinen Mund. Du kannst alles äußern, alles schmecken und leckere Dinge essen. Was war besonders schön mit Deinem Mund? Was und wie viel konntest Du durch ihn genießen? Was schmeckt Dir gut? Wen umarmst und küsst Du gerne? Schreibe alles Gute auf, was Dir einfällt.

Um Dich abzulenken, braucht es manchmal stärkere Reize. Probiere auch schärfere Speisen und Getränke aus, wenn Du den Druck verspürst, Dir weh zu tun.

Alles, was die Selbstverletzung unterbricht, ist hilfreich.

Die alte Meerjungfrau und ich gehen gemeinsam alle Sinnesorgane durch, und immer wieder tut mir etwas Anderes gut.

Ich mag sehr lautes Meeresrauschen und auch das Erleben von viel Helligkeit und anschließender Dunkelheit.

Am liebsten mache ich schnelle Saltos, denn dann denke ich nicht so viel nach. Starke Bewegungen und Reize wechsle ich oft ab. Dazu gehört auch das Hören.

Manchmal tut mir Lautstärke gut und ich schwimme zu den riesigen Containerschiffen und lege meine Ohren an die lauten Schiffsschrauben, die schnell rotieren. Danach brummt mein ganzer Kopf und ich höre den Meerelfen beim Singen zu. Das beruhigt mich wieder und ich tue mir nicht weh.

Lyras spannende Übung mit den Ohren

Betrachte Deine beiden Ohren. Wie würdest Du sie beschreiben? Sie sind Deine Tore zur Welt.

Fallen Dir für „Hören" noch andere Wörter ein? Im Vergleich zu allen anderen Sinnen lassen sich dafür interessanterweise weniger Wörter finden, weil es um das Aufnehmen der Welt geht.

Was oder wen hörst Du selbst sehr gerne?
Achte tagsüber bewusst auf Geräusche, Klänge und Stimmen.

Schreibe am Abend Deine Wahrnehmungen und Gedanken auf.

31

Meine ältere Meerjungfrau fragt mich in den Stunden, was ich wahrnehme und sehe. Mir fällt dazu wenig ein, weil ich oft mit meinem Körper und dem inneren Druck beschäftigt bin.

Seitdem wir die Augenübung machen, fallen mir Dinge in meiner Umgebung auf, die ich noch nie gesehen habe, obwohl sie schon immer da waren. Ich liebe die bunten Neonfische und die Schattierungen am Meeresboden. Darauf achte ich jetzt, wenn es mir nicht so gut geht.

Lyras schöne Übung mit den Augen

Wir können vieles an unserem Körper gut sehen, aber niemals unsere Augen.

Was siehst Du gerade in Deiner Umgebung? Versuche, es so genau wie möglich zu beschreiben.

Nimm die Formen, Farben und die Beschaffenheit der Oberflächen Deiner Umgebung wahr.

Wohin zieht es Dich mit Deinem Blick? Wenn das, was Du siehst, gute Gefühle auslöst, erfinde einen Satz dazu und schreibe ihn auf.

_____

_____

_____

Denke an die schönsten Bilder in dieser Woche, an Dinge und Menschen.
Was hat dir besonders gut gefallen? Schreibe oder zeichne es auf.

33

Was mir gefällt, ist oft extremer als das, was meine Freunde mögen. Am Schluss der Stunde machen wir deshalb oft die Herzübung. Die tut mir besonders gut.

 Zu wissen, dass mein Herz immer schlägt und ich ganz einzigartig bin, ist wichtig für mich. Niemand ist so wie ich. Das weiß ich jetzt auch. Und das wird für immer so bleiben.

Lyras schlagkräftige Übung für das Herz

Auch Dein Herz steht ganz im Mittelpunkt. Es schlägt in Ruhe 60 bis 80 Mal pro Minute, etwa 100.000 Mal am Tag. Bei sportlichen Meerjungfrauen schlägt es seltener, etwa 50 bis 60 Mal pro Minute. Bei Meerjungfrauen mit einem großen, trainierten Herzen, das mehr Blut pumpen kann, kommt es häufig auf noch weniger Schläge.

Höre einige Minuten auf Deine Herzschläge und finde ein eigenes Bild und Wörter dazu. Wie fühlst Du Dich dabei?

Wen magst Du am liebsten? Bei wem hüpft Dein Herz und schlägt schneller? Wenn du magst, kannst Du es hier aufschreiben.

Sei am besten auch Du viel mit den Meerjungfrauen und Meeresbewohner*innen zusammen, die Dir wirklich gut tun.

Am Ende der Stunde sagen wir immer einen schönen Satz. An diesen erinnere ich mich morgens und abends, bis zur nächsten Stunde.

Beim letzten Mal war es: „Ich bin glücklich, wenn ich schwimme und viele Saltos mache."

Schreibe hier Deinen eigenen schönen Satz auf:

Selbstverletzendes Verhalten: Informationen für Eltern, Interessierte und Expert*innen

Unter „selbstverletzendem Verhalten" versteht man eine massive Schädigung des eigenen Körpers durch Schneiden, Ritzen, Schlagen, Verbrennungen zufügen sowie extremes Ess- oder gefährliches Sexualverhalten.

Meist tritt selbstverletzendes Verhalten in der Pubertät und hier vorwiegend bei Mädchen auf. Es wird als Symptom stressbedingter psychischer Erkrankungen wie PTSD (Posttraumatic stress disorder), Depressionen, Borderline und/oder anderen (Persönlichkeits-)störungen betrachtet.

Leider muss an dieser Stelle erwähnt werden, dass das Risiko eines Suizidversuchs bei Menschen mit selbstverletzendem Verhalten erhöht ist. Deshalb braucht es möglichst schnell eine professionelle und einfühlsame Behandlung.

Selbstverletzungen sind tückisch, denn die Betroffenen fühlen sich direkt danach meist kurzfristig besser: Der innere Druck ist nicht mehr so massiv spürbar und eine Erleichterung tritt ein. Häufig schildern Klient*innen, dass sie das Gefühl haben, Täter und Opfer steckten gemeinsam in ihrem Körper. Wenn der innere Druck steigt, geben sie ihrem Bedürfnis nach, dass sie der innere Täter verletzt. Danach können sie sich dann fürsorglich um das innere Opfer kümmern und die Wunde verbinden oder versorgen lassen.

Nach einer gewissen Zeit tritt eine Schmerztoleranz ein und die Selbstverletzung wird verstärkt.

Die Hintergründe für selbstverletzendes Verhalten sind sehr unterschiedlich. Häufig handelt es sich um Menschen, die in ihrer Kindheit selbst misshandelt und/oder missbraucht wurden und wenig Unterstützung erfahren haben. Sie konnten nicht lernen, mit negativen Gefühlen gut umzugehen und andere Handlungsstrategien zu entwickeln.

Eine Psychotherapie dauert bei dieser Störung normalerweise sehr lange und braucht viel Geduld und Professionalität. Verhaltensmuster müssen umgelernt und manches vollkommen neu gelernt werden.

SOS: Was ist zu tun?

Wenn Sie feststellen, dass sich in Ihrem Umfeld ein Mensch selbst verletzt, ist es wichtig, ruhig zu bleiben und keine Schuld- oder Schamgefühle beim Betroffenen auszulösen.

Die meisten Menschen leiden selbst darunter und möchten in der Regel nicht, dass ihr Verhalten in der Öffentlichkeit sichtbar wird. Deshalb wird häufig lange Kleidung bevorzugt und meist an Stellen wie den Oberschenkeln, Oberarmen und Knöcheln geritzt, die nicht sofort sichtbar sind.

 Das können Sie tun:

1. Sprechen Sie die Person ruhig und freundlich in Ich-Botschaften an, ohne Schuld- oder Schamgefühle zu vermitteln. Zum Beispiel so:

- *„Ich habe den Eindruck, dass es Dir momentan nicht so gut geht. Bitte lass mich wissen, ob ich Dir helfen kann.“*

- *„Ich werde Dich nicht bedrängen, aber immer wieder nachfragen, wie es Dir geht, weil Du mir wichtig bist.“*

- *„Mir ist eine Verletzung bei Dir aufgefallen. Könnte ich Dich irgendwie unterstützen?“*

- *„Ich möchte nicht, dass sich die Wunden entzünden. Darf ich mich um Deine Wunden kümmern?“*

- *„Ich würde mir wünschen, dass es Dir gut geht, und gerne gemeinsam mit Dir zu jemandem gehen, der sich mit diesen Wunden auskennt und Dir helfen kann.“*

- *„Es gibt gute Möglichkeiten der Hilfe. Du bist nicht alleine.“*

2. Bieten Sie der Person an, sich um die Wunden zu kümmern, eventuell Verbandszeug zu holen und gemeinsam mit ihr ärztliches Fachpersonal aufzusuchen.

3. Besprechen Sie mit der Person, was ihr in der Situation des selbstverletzenden Verhaltens am besten helfen kann. Zu Beginn sind es meistens Entlastungsgespräche und einfache Körperübungen.

Sie können zum Bespiel fragen:

- *„Welche Unterstützung kann ich Dir anbieten?"*

- *„Möchtest Du reden?"*

- *„Ich erwarte nicht von Dir, dass Du Dich veränderst, aber ich bin für Dich da, wenn Du mich brauchst."*

4. Bieten Sie der Person an, gemeinsam mit ihr eine professionelle Behandlung zu suchen, für die sie sich dann selbst entscheidet. Machen Sie in diesem Prozess keinen Druck. Eine Psychotherapie wirkt nur gut durch Freiwilligkeit.

5. Holen Sie als Angehörige*r für sich selbst Unterstützung bei Expert*innen. Die Belastung, mit selbstverletzenden Personen zu leben, ist sehr hoch, da diese Symptomatik viel Hilflosigkeit und Angst auslöst. Umso wichtiger ist es, dass Sie sich im Umgang mit der selbstverletzenden Person nicht unter Druck gesetzt fühlen und immer einen gewissen Handlungsspielraum haben.

Notizen

39

Emilio, der kotzende Drache

Hallo, ich bin Emilio, der kotzende Drache.

Ich bin 3285 Drachenjahre alt und alle sagen zu mir, ich soll das Wort „Kotzen" nicht sagen. Aber so fühle ich mich wirklich!

Eigentlich wollen alle, dass ich Feuer speie und mich wie ein kleiner furchterregender Feuerdrache benehme. Doch in Wirklichkeit mag ich gar kein Feuer und möchte auch niemandem Furcht einflößen.

Meine Haut ist dunkelrot. Deshalb sieht jeder gleich, wenn ich irgendwo bin. Das finde ich total doof und versuche immer, mich hinter lodernden Vulkanen zu verstecken.

Als ich erst 2744 Jahre alt war, hatte ich viele Drachenfreunde. An Vollmonden haben wir den großen Feuerdrachen bei ihren Wettkämpfen zugeschaut. Meine Mama konnte das Feuer am weitesten speien und ich war mächtig stolz auf sie: Sie erzeugte die längsten blauen Feuerzacken, die ich jemals gesehen habe!

Meine Eltern hatten sich sehr gerne und unser Zuhause war gemütlich.

Doch eines Tages kam Mama nicht mehr nach Hause. Traurig erzählte Papa davon, dass Mama ab sofort lieber mit anderen Feuerdrachen zusammenleben wollte.

Das konnte ich nicht verstehen. Ich war doch ihr lieber kleiner feuerroter Drache. Bei wem sollte es schöner und lustiger sein als bei uns zu Hause?

Viele Drachenwochen lang habe ich geweint. Mit meinem Feuer brannte ich unzählige Herzen in die Baumstämme unseres Lieblingswaldes und kohlte außerdem „Mama" und „Ich hab Dich lieb. Dein Emilio" hinein. Ich wusste ja, dass Mama dort oft herumfliegen würde. Aber Mama hat sich kein einziges Mal bei mir bedankt oder mir zurückgeschrieben.

Dafür hat mir Oma Drache große Schokoladenkuchen gebacken, die ich jeden Tag bei ihr naschen durfte. Wenn ich viel gegessen habe, fühlte ich mich erst sehr viel besser und danach ganz voll. Das wurde immer mehr, bis ich gar nicht mehr gemerkt habe, dass ich schon satt war.

Die anderen Drachenkinder haben mich nach einiger Zeit ausgelacht, weil ich jetzt der dicke kleine feuerrote Drache war. Ich konnte mich gar nicht mehr gut verstecken und bewegen, denn immer blieb ich mit meinen Zacken zwischen den Bäumen stecken. Aus Frust habe ich nur noch mehr gegessen.

Bis schließlich vor zwei Jahren die Feuerspeiwettkämpfe für die kleinen Drachen begannen. Da müssen alle mitmachen, sonst gehören sie nicht zur Gruppe. Papa war lieb, aber immer traurig. Ihm machte das Feuerspeien keine Freude mehr und er wollte nicht mit mir für die Wettbewerbe üben.

Oft lag er auf einem Baumstamm und schaute in die Luft. Ich glaube, die Wettbewerbe erinnerten ihn an Mama. Ich musste mitmachen, konnte aber nicht hoch fliegen, weil ich viel zu schwer war. Alle haben mich ständig ausgelacht.

Von dem Tag an habe ich nichts mehr gegessen und wurde schnell dünn. Ich konnte zwar wieder fliegen und Feuer speien, hatte aber immer Hunger.

Weil ich dünn sein wollte und trotzdem Hunger hatte, begann ich, viel zu essen und direkt danach alles auszukotzen. Am Anfang hat das noch Spaß gemacht, weil ich die ganzen süßen Dinge essen konnte, ohne dick zu werden. Inzwischen fühle ich mich manchmal schlecht, traurig und müde.

Mein Bauch tut oft weh und ich bin dick und dünn gleichzeitig. Papa kümmert sich wenig um mich. Er sagt zu mir, dass ich froh sein soll, wieder dünn zu sein und hoch fliegen zu können. Er weiß nicht, was ich wirklich mache, damit ich dünn bleibe, obwohl ich ständig esse.

In der Drachenschule haben wir seit kurzem eine neue Lehrerin, die lustige Übungen mit uns macht. Heute sollte zum Beispiel jeder etwas Gutes über sich und seine Sitznachbarn sagen. Das war schön. Zu mir hat Linda, meine Sitznachbarin, gesagt, dass ich meistens freundlich zu ihr bin.

Die folgenden Übungen mag ich besonders gerne. Vielleicht möchtest du auch die eine oder andere ausprobieren.

Emilios Körperbild-Übung mit der Papierrolle

Besorge Dir eine mindestens 60 cm breite Papierrolle und schneide ein körpergroßes Blatt Papier davon ab. Lege Dich darauf. Bitte eine Person Deines Vertrauens, Deine Körperumrisse zu zeichnen. Danach beginne, Deine Lieblingskörperstelle in das Bild zu malen. Verwende Farben, die Du gerne magst. Nimm Dir Zeit für Deine persönlichen Lieblingsplätze in Deinem Körper. Zeichne diese nacheinander dazu.

Welche guten Erinnerungen fallen Dir dazu ein? Schreibe sie auf.

Wenn Du Dein Körperbild betrachtest, überlege:

* *Welche schönen Dinge fallen Dir dabei auf?*

- *Bei welchen Körperteilen hast Du Dich wohl gefühlt?*

_____

_____

_____

_____

- *Wie haben sich Dein Tag und Deine Woche dadurch verändert?*

_____

_____

_____

_____

Das Körperbild kann ein langfristiger und guter Begleiter für Dich werden.

Sobald Du Deine äußeren Merkmale eingezeichnet hast, nimm Dir Zeit für Deine inneren Organe. Sie unterstützen Dich täglich dabei, ein gutes Leben zu führen.

Du kannst Deine vorgestellten Organe auch auf ein anderes Papier malen, sie ausschneiden und auf dein Körperbild aufkleben. Achte auf Deine Körperempfindungen. Nimm diese gut wahr und mache Dir dazu Notizen.

Stelle Dir folgende Fragen:

- *Zu welchen Organen hast Du eine besonders gute Beziehung?*

- *Wie hat sich Deine Körperwahrnehmung verändert,*
  seit Du Dein Körperbild gezeichnet hast?

- *Welche positiven Erlebnisse hattest Du dabei?*

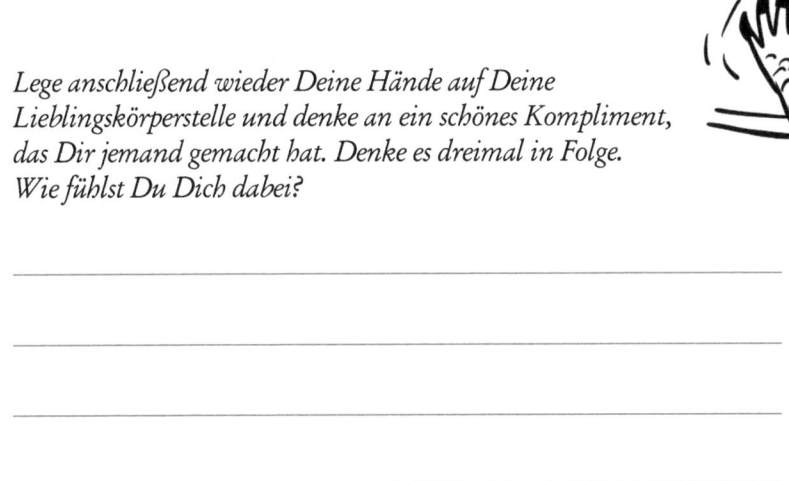

Lege anschließend wieder Deine Hände auf Deine
Lieblingskörperstelle und denke an ein schönes Kompliment,
das Dir jemand gemacht hat. Denke es dreimal in Folge.
Wie fühlst Du Dich dabei?

_____

_____

_____

_____

_____

Schreibe das Kompliment auf ein Blatt Papier und nimm es
diese Woche mit. Denke dabei auch an die Menschen, die Dich
mögen.

Wie fühlst Du Dich, wenn Du an schöne Komplimente denkst?

Welche Menschen fallen Dir dabei ein?

 Erinnere Dich immer wieder daran.

Alle Drachen haben sich auf den Boden gelegt und wir haben die Umrisse unserer Drachenzacken gemalt, was mit den vielen kleinen Zacken gar nicht so leicht war. Den Körper durften wir bunt ausmalen. Ich hatte meinen Körper viel größer und dicker in Erinnerung.

Bei den Talenten haben mir die anderen Drachen geholfen. Mir selbst wären nämlich gar nicht so viele eingefallen.

Gerade sprechen wir darüber, was wir gerne essen und wie oft. Das ist für mich nicht leicht, weil ich ganz schnell viel esse und danach meistens alles wieder auskotze.

Ich merke, mir tun die langsamen Übungen gut, wo ich auf meinen Atem achte und bis 20 zähle.

Emilios allerliebste Atemübung

Meine Lieblingsatemübung beginnt damit, dass ich mich auf einen gemütlichen Baumstamm lege und die Augen schließe. Meine Lehrerin erzählt mit ruhiger Stimme davon, dass in jedem eine große, warme Sonne leuchtet, die den ganzen Körper überstrahlt.

Sie geht dann in ihrer Geschichte von den Haarwurzeln bis zu den Fußsohlen durch den Körper und benennt alle Körperteile bewusst. Dazwischen bittet sie uns, auf den Atem zu achten, ganz bewusst ein- und auszuatmen und sich zu entspannen. Mir ist danach immer warm und ich fühle mich sehr wohl.

Die Stimme unserer Lehrerin ist ganz weich und sie spricht sehr langsam: „Atme ein und aus, ein und aus ..."

Heute habe ich nur zweimal gekotzt, anstelle von fünf Mal. Deshalb geht es mir schon etwas besser. Ich werde die Körperübungen auch daheim machen.

Weil ich oft laut rülpse und pupse, machen wir auch diese Übungen. Vielleicht gefallen sie dir ja genau so gut wie mir.

Emilios energetisierende Magen-, Darm- und Nierenübung

Nimm Dir als Erstes Zeit für Deinen Magen. Du füllst ihn regelmäßig mit Nahrung, und er zerkleinert sie und wandelt sie in Lebensenergie um. Dein Magen liegt ungefähr in der Mitte Deines Körpers.

Welche Gefühle löst Dein Magen bei Dir aus?

_____

_____

Stelle Dir vor, Du bist als Schredder, der alles klein macht, beteiligt und kannst mithelfen, Deine Nahrung in Energie umzuwandeln.

Wie geht es Dir mit dieser Vorstellung?

_____

_____

Wie viele gute Gedanken bringst Du Deinem Magen entgegen?

_____

_____

Du nimmst durch Nahrung Energie auf und speicherst sie, damit sie Gutes bewegen und bewirken kann. Anschließend lässt Du diese umgewandelte Energie wieder los.

Schreibe auf, wie Du aus Deiner Energie Lebenskraft und Stärke beziehst.

Denke auch an Deinen Darm. Er ist bei erwachsenen Feuerdrachen zwischen 5,5 und 7,5 Metern lang und hat die Oberfläche einer kleinen Drachenwohnung von ca. 32 Quadratmetern.

Stell Dir vor, Du streichelst mit einem feinen Pinsel über dieses wichtige Organ.

Zudem hat Dein Darm vielfältige lebenserhaltende Funktionen. Neben der Verdauung reguliert er Deinen Wasserhaushalt und bildet den Großteil Deiner Abwehrzellen im Immunsystem. Er produziert außerdem Hormone und Botenstoffe.

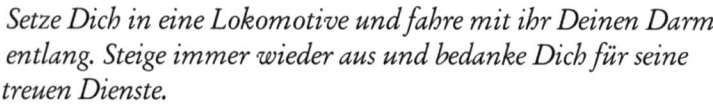

Setze Dich in eine Lokomotive und fahre mit ihr Deinen Darm entlang. Steige immer wieder aus und bedanke Dich für seine treuen Dienste.

Finde Namen für die Stationen und stell Dir vor, was Dein Darm den ganzen Tag für Deine Entspannung tut und leistet.

Wie gefiel Dir die Lokomotivenfahrt durch Deinen Darm?

_____

Hast Du Dich an einzelnen Stationen besonders wohlgefühlt?

_____

Welche Namen für die Stationen fielen Dir ein? Schreibe sie auf.

_____

_____

_____

Wir kennen alle das Sprichwort: „Das ist mir an die Nieren gegangen", was umgangssprachlich so viel heißt wie „Das ging mir sehr nahe und hat mich berührt".

Jeder gesunde Mensch hat zwei Nieren. Sie übernehmen vielfältige Aufgaben. Ihre wichtigste Funktion ist die Entgiftung. Die Nieren sorgen für die Ausscheidung von Stoffwechselendprodukten und Giftstoffen über den Urin. Obwohl die Nieren paarweise angelegt sind, kann man ohne Beschwerden mit nur einer Niere leben.

Nimm Dir diese Woche bewusst Zeit und löse Dich von allem, was für Dich „giftig" ist. Stelle Dir Deine Nieren wie eine Waschmaschine vor, die immer wieder einen guten, liebevollen Service braucht.

Essstörungen: Informationen für Eltern, Interessierte und Expert*innen

Essen gehört zu den grundlegendsten, wichtigsten und natürlichsten Bedürfnissen auf der ganzen Welt. Ein Säugling signalisiert sehr deutlich seinen Hunger wie auch sein Sättigungsgefühl und die damit verbundene Zufriedenheit.

Essstörungen treten fast nur in hochentwickelten Industrienationen auf, in denen es zu viele Nahrungsmittel gibt. Die Übergänge zwischen gesundem und ungesundem Essverhalten sind oft fließend. Wenn aber über längere Zeit deutlich weniger oder deutlich mehr Kalorien konsumiert werden, als für den Körper notwendig sind, zeichnet sich vermutlich eine Essstörung ab. Die Person hat dann verlernt, auf ihre inneren Bedürfnisse zu hören, und gibt nicht mehr einem natürlichen Impuls nach.

Die Ursachen für Essstörungen können sehr unterschiedlich sein. Das Kind erfährt zuhause oftmals nicht, dass Essen etwas Freudvolles und Positives ist. Bei gemeinsamen Mahlzeiten, so es diese noch gibt, ist die Atmosphäre konflikthaft, Kritik wird geübt und das Essen geht nicht mit positiven Gefühlen einher. Dem Kind wird nicht vermittelt, dass es okay ist, so wie es ist. Mobbing, der Wunsch nach Körpernormierung oder auch sogenannte Körper-Challenges auf Social-Media-Kanälen können Essstörungen ebenso auslösen wie Traumatisierungen und/oder eine vielseitige Symptomatik, die mit Ängsten und/oder Zwängen gekoppelt ist.

Wie bei Emilio können sich die einzelnen Störungen immer wieder abwechseln. Bei vielen Jugendlichen steht allerdings nur eine einzelne Störung im Vordergrund.

Ess-Brech-Sucht (Bulimia nervosa)

Dieser Essstörung geht meist eine strikte Diätphase voraus. Die Angst vor Gewichtszunahme und Kontrollverlust wechselt sich mit Heißhungeranfällen und Erbrechen ab. Einige Klient*innen nehmen Tausende Kalorien zu sich, bevor sie sich erbrechen. Um von Bulimie zu sprechen, müssen die Anfälle mindestens zweimal wöchentlich über einen längeren Zeitraum von einigen Monaten auftreten.

Magersucht (Anorexia nervosa)

Magersucht beginnt häufig schon während der Grundschulzeit, einer geglückten „Diät" und den danach folgenden Komplimenten. Von Magersucht muss man ab einer Gewichtsabnahme von einem Viertel im Verhältnis zum altersgemäßen Normalgewicht sprechen.

Die Angst, dick zu werden, ist ein riesengroßes gesellschaftliches Thema und bestimmt oft das ganze Leben. Nicht nur bei Personen mit einer Essstörung, sondern auch bei vielen anderen. In der Behandlung geht es meiner Erfahrung nach immer um Autonomie. Selbst Krankenhausaufenthalte mit Infusionen, Kreislaufzusammenbrüche und langfristige Psychotherapie können dieses Verhalten nur schwer durchbrechen. Die Selbst- und Fremdwahrnehmung verändern sich in einer Dimension, dass äußere Standpunkte und die berechtigte Sorge um die Gesundheit nicht mehr verstanden und nachvollzogen werden können.

Obwohl die Klient*innen bisweilen Größe XS tragen, haben sie den Eindruck, nach einer Gewichtszunahme von 3 Kilogramm Größe XL bestellen zu müssen. Ihr Körperselbstbild ist nachhaltig verzerrt. Genau deshalb ist Magersucht die psychiatrische Erkrankung mit der höchsten Sterblichkeitsrate und insofern sehr gefährlich.

Ess-Sucht und Binge-Eating

Immer mehr Jungen und Mädchen leiden unter Übergewicht. In der Corona-Pandemie hat sich dies noch verschärft. Überernährung und Bewegungsmangel sind die häufigsten Ursachen für dieses Phänomen. Aus diesem schleichenden Prozess mit seinen gesundheitlichen Problemen können weitere Essstörungen entstehen:
„Binge-Eating" steht für die Aufnahme großer Nahrungsmengen in kurzer Zeit. Allerdings stecken dahinter oft eine immense Leere und Verzweiflung. Der Versuch, ein inneres Loch zu stopfen, wird mit Essen kompensiert.

Oftmals ist Ess-Sucht gekoppelt mit intensivem Medienkonsum und Realitätsflucht. Je mehr Gewicht dazukommt, desto mühsamer ist Bewegung und desto größer die Angst vor dem Spott. Der Rückzug in eine virtuelle Welt ist dann umso verlockender, verschärft aber das Problem.

SOS: Was ist zu tun?

Essstörungen sind in der Behandlung sehr komplex, weil das ganze Familiensystem und Umfeld des Kindes betrachtet werden müssen. Nicht selten liegen oder lagen auch bei den Eltern Essstörungen vor und ein entspannter Umgang mit Essen konnte nicht gut gelernt werden.

Manchmal verlieren sich die Auffälligkeiten nach der Pubertät von alleine und ein gesundes Essverhalten etabliert sich. Allerdings sollte bei chronischen Essstörungen dringend eine Fachperson zu Rate gezogen werden. Durch die konstante Belastung des Körpers können sich ansonsten massive Folgeschäden an den Organen entwickeln.

Ich arbeite bei gravierenden Essstörungen sehr viel mit Entspannungsübungen. Sie helfen, die Bedürfnisse des Körpers besser wahrzunehmen. Es braucht Geduld und einen entspannten Zugang, um Veränderungen zu erzielen.

Da wir tagtäglich mit Essen konfrontiert sind, können wir nicht – wie bei anderen Suchterkrankungen – abstinent werden und das Suchtmittel „weglassen". Arbeiten Sie daher intensiv die Ausnahmemomente und Ausnahmetage heraus, an denen die Störung nicht im Vordergrund war. Bestärken Sie auch die kleinen positiven Erfolge und Ausnahmen.

 Das können Sie tun:

Fragen Sie beim Kind und den Eltern genau nach:

1. *Wie und wann ist der zeitliche Rahmen für das Essen?*

_____

2. *Wieviel Zeit wird für die Herstellung und Konsumation des Essens verwendet?*

_____

3. *Was, mit wem und wann wird gegessen?*

_____

4. Essen die Menschen im Umfeld des Kindes gerne?

_____

5. Welche Bedeutung oder Funktion hat das Essen?

_____

6. Gibt es während des Essens Ablenkungen, wie z.B. Lesen, TV, Tablet, Handy am Tisch etc.?

_____

7. Wann fühlt sich das Kind während des Essens wohl, wann nicht?

_____

8. Ist Essen manchmal Erziehungsmittel (Trost, Belohnung, zum Beispiel mit Süßigkeiten oder beispielsweise Bestrafung, wenn nicht aufgegessen wird)?

_____

9. Wie viel Zeit nimmt die gedankliche Beschäftigung mit dem Essen ein?

_____

10. Wann gibt es Ausnahmen in Bezug auf das problematische Essverhalten?

_____

11. Gibt es Glaubenssätze zum Thema Essen? (zum Beispiel: „Wenn Du aufisst, scheint die Sonne.")

_____

12. *Kreist das Kind oder gar die Familie um eine Zahl, die das Gewicht bestimmt?*

_____

13. *Wenn ja, was bedeutet diese Zahl in der Familie?*

_____

14. *Wie reagieren alle, wenn dieses Gewicht erreicht ist? Wie reagieren alle, wenn es darüber oder darunter liegt?*

_____

15. *Wie sehen die Gewichtskontrollen aus? Wie wichtig ist die Waage?*

_____

16. *Wie wird Selbstwert diesbezüglich definiert? Gibt es im Umfeld positive oder negative Beurteilungen des aktuellen Gewichts? Wird dabei sozialer Druck aufgebaut?*

_____

17. *Welche anderen Themen gibt es beim Kind und in der Familie, die von Bedeutung sind?*

_____

18. *Welche öffentlichen Vorbilder gibt es, die ein bestimmtes Körperideal vorgeben?*

_____

19. *Gibt es Vorbilder, die positiv für das Kind sind, aber nicht den gängigen Idealen entsprechen?*

_____

Notizen

57

Orlando, der Kobold, der suchtkrank auf die Welt kam

Hallo, ich bin Orlando, ein Kobold.

Ich bin erst wenige Koboldjahre alt, aber direkt nach meiner Geburt machte ich schon den ersten Drogenentzug durch. Meine Mama trank in meiner Schwangerschaft nämlich viel Alkohol und nahm ab und zu auch Drogen.

Manchmal fühle ich mich wie auf einer Achterbahnfahrt mit vielen Drehungen und wilden Loopings. Mein Herz schlägt rasend schnell und in meinem Kopf gibt es Explosionen. Dann steht wieder alles still und ich bin steif wie ein gefrorener Eisblock.

Oft bin ich sehr wütend und weiß nicht, warum. In meiner Wut will ich alles kaputtmachen. Danach ist meine Koboldwelt leer und traurig.

Ich musste als neugeborener Kobold lange Zeit im Krankenhaus bleiben, weil ich sehr klein war und viel geweint habe. Glücklicherweise haben mich meine Oma und mein Opa dann zu sich genommen.

An meine Mama habe ich nur wenige Erinnerungen. Einmal bin ich mit ihr auf dem Karussell gefahren, da hat sie sehr gelacht und mich fest umarmt. Ein anderes Mal hat sie mich vom Kindergarten abgeholt und wir waren gemeinsam ein Eis essen. Das war schön.

Mama hat woanders in einem großen Haus mit vielen Menschen zusammengewohnt, die manchmal laut und komisch waren. Ich durfte sie eigentlich nicht besuchen, aber zweimal war ich mit meiner Oma trotzdem dort. Wir haben Mama Sachen zum Kochen und Anziehen gebracht. Mama sah sehr müde aus und legte sich gleich ins Bett, ohne mit mir zu spielen.

Irgendwann in der Zeit vor Weihnachten hat meine Oma sehr geweint. Sie nahm mich zu sich auf den Schoß und sagte mir, dass meine Mama gestorben sei und nicht mehr wiederkäme. Ich wusste nicht, was ich darauf sagen sollte, und begann einfach zu lachen. Oma hat kurz mit mir geschimpft und dann noch viel mehr geweint.

Mir tat Oma leid. Doch ich habe gar nichts gefühlt. Mama war für mich immer weit weg. Trotzdem fehlt sie mir. Ich habe in meiner Hosentasche ein Foto bei mir, auf dem Mama und ich glücklich auf dem Karussell sitzen.

Die anderen Kobolde sagen, dass ich mich manchmal nicht so wie ein normaler Kobold benehme. Oft wechsle ich meine Farbe und stampfe laut auf. Manchmal schreie ich auch sehr laut. Vor allem drinnen, denn ich bin nicht gerne in geschlossenen Räumen.

Ich bin der Beste im Klettern und liebe es, oben auf den Häusern zu sitzen und mit dem Fernglas alles genau zu beobachten. Häufig springe ich von Brücken und Türmen. Eigentlich darf ich das gar nicht, weil es so gefährlich ist, aber ich fühle mich dann viel besser.

In die Schule gehe ich nicht gerne. Das Lernen fällt mir schwer. Oft verwechsle ich die Buchstaben und die Zahlen. Im letzten Jahr musste ich sogar eine Klasse wiederholen, dafür habe ich mich sehr geschämt. Die anderen Kobolde haben mich ausgelacht. Das war schlimm.

Zum Glück habe ich jetzt eine liebe Lehrerin, die viel Geduld mit mir hat. Sie macht mit mir die „Alles, was gut ist"-Übung. Dann fühle ich mich richtig fröhlich.

Probiere einfach aus, ob die Übung auch etwas für Dich ist.

Orlandos „Alles, was gut ist"-Übung

Gestalte ein großes „Was-alles-in-meinem-Leben-gut-ist"-Bild, in das Du alles hineinmalen und hineinschreiben kannst, was Dir in Deinem Leben schon gut gelungen ist.

Nimm Dir Erinnerungen zu Hilfe wie Fotos, Briefe, Urkunden, Preise, Pokale, bestimmte Erinnerungsstücke oder auch Erzählungen. Lasse Dir viel Zeit, höre Deine Lieblingsmusik, trinke und esse Deine Lieblingsspeisen und umgib Dich mit Deinen Lieblingsgerüchen.

Dieses Bild kann Dich lange Zeit begleiten.

Ergänze immer wieder die guten Erlebnisse, Begegnungen und schönen Erfahrungen, die Dir begegnen.

Was mir fast noch besser gefällt, sind die „Sinnesübungen". Jeden Tag machen wir eine andere Übung. Bei der Geschmacksübung bringen wir viele verschiedene Speisen mit und probieren diese zusammen aus.

Orlandos süßsaure Geschmacksübung

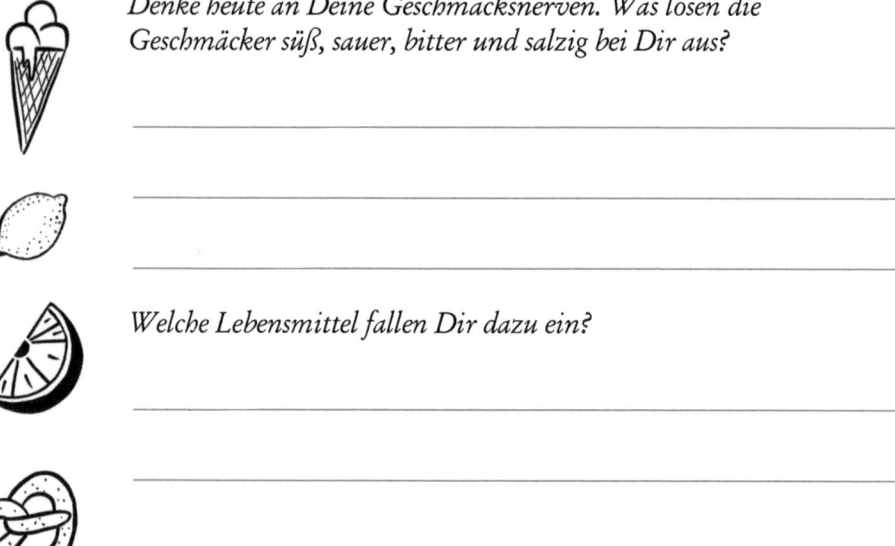

Denke heute an Deine Geschmacksnerven. Was lösen die Geschmäcker süß, sauer, bitter und salzig bei Dir aus?

_____

_____

Welche Lebensmittel fallen Dir dazu ein?

_____

_____

Besorge Dir Deine Lieblingsgeschmäcker und koste sie ganz bewusst. Versuche Dir wohlschmeckendes Essen auf der Zunge zergehen zu lassen. Nimm Dir viel Zeit dabei.

Vielleicht magst Du diese Geschmacksübung auch mit Deinen Freund*innen machen und ihr probiert viel Neues dabei aus.

Nimm Dir vor, jeden Tag beim Essen oder Trinken Genussmomente einfließen zu lassen und Dich gut daran zu erinnern.

Orlandos wundersame Geruchsübung

Widme Dich heute ganz Deinem Lieblingsgeruch beim Essen.

- *Wie sieht Dein wohlriechendes Lieblingsgericht aus?*

_____

- *Was verbindest Du damit?*

_____

- *Hast Du es bisher zu Hause oder an einem anderen Ort gegessen?*

_____

- *Wer hat es zubereitet?*

_____

- *Was verbindest Du mit diesem Geruch oder Gericht?*

_____

- *Welche Menschen waren bei Deinem Lieblingsessen dabei?*

_____

Teile Deine Erinnerungen mit Deinem Umfeld und verwöhne Dich mit guten Gerüchen. Denke an Dein Lieblingsgericht und besorge Dir dafür die Zutaten oder gehe es bei nächster Gelegenheit in Deinem Lieblingslokal essen.

Wie fühlst Du Dich, wenn Du an diese schönen Genusserlebnisse denkst?

_____

Ich mag auch die „Herzblutübung". Denn dadurch
verstehe ich meinen Körper immer besser.

Orlandos abenteuerliche Herzblutübung

*Bei dieser Übung geht es um unser „Herzblut". Es wird auch
„roter Lebenssaft" genannt, weil es für unseren Körper absolut
lebenswichtig ist.*

*Unser Blut ist ein flüssiges Gewebe und gelangt zu allen unseren
Zellen und den anderen Organen. Wie ein Tanklastwagen versorgt
es alle Körperzellen mit Sauerstoff und Nährstoffen. Gleichzeitig
transportiert das Blut unsere Abfallprodukte wie ein Müllauto zu
den Ausscheidungsorganen wie Nieren, Darm, Lunge und Haut.*

*Stell Dir vor, Du sitzt als kleine Zelle auf einer Achterbahn
und fährst mit Deinem Blut durch den Körper.*

Was erlebst Du auf dieser aufregenden Reise?

_____

_____

_____

_____

Mit welchen Organen nimmst Du Kontakt auf?

_____

_____

_____

Wo möchtest Du gerne länger bleiben, wo lieber schnell weiterfahren?

_____

_____

Welche guten Wünsche fallen Dir für Deinen Körper ein?

_____

_____

_____

_____

Wenn ich die Übungen wiederhole, merke ich, wie sich mein Körper entspannt. Dann wechsle ich nicht mehr so oft meine Koboldfarbe.

Wenn ich später einmal groß bin, werde ich ein echter Akrobat! Dann darf ich klettern, springen und turnen so viel und so oft, wie ich will.

Bis dahin mache ich noch die ein oder andere Übung mit meiner Lehrerin.

Zum Beispiel die Leberübung. Sie hilft mir, nicht mehr ganz so giftig zu sein.

Orlandos entgiftende Leberübung

Unser Kobold-Organ, die Leber, wiegt etwa 1,5 Kilo und ist als rotbraunes und lappiges Gebilde im Oberbauch die schwerste Drüse unseres Körpers. Sie zählt zu unseren größten Organen und erfüllt lebensnotwendige Aufgaben. Neben der Entgiftung produziert sie Eiweißstoffe und reguliert unseren Stoffwechsel.

Stell Dir vor, Du machst in Deinem Leberzimmer Ordnung, einen großen Frühjahrsputz sozusagen.

Wie kannst Du Deine Leber gut dabei unterstützen?

_____

_____

Vielleicht versuchst Du, eine Woche auf richtig ungesunde Speisen und Getränke (z.B. Süßigkeiten, Fastfood, Softdrinks, Alkohol) zu verzichten? Was würdest Du alles weglassen?

_____

_____

_____

Wie fühlst Du Dich dabei?

_____

_____

_____

Und noch eine Übung finde ich sehr entspannend. Vielleicht hast du noch nie bewusst darüber nachgedacht, wo all die Flüssigkeit entsteht, die du täglich ausscheidest. Dann ist jetzt die beste Zeit dafür gekommen.

Orlandos befreiende Blasenübung

Stell Dir Deine Blase, wo der Urin gesammelt wird, wie einen Luftballon vor. Ganz leer erinnert diese Blase an eine flache Muschel. Gefüllt mit Urin wird sie rund und prall wie eine Kugel, die bis zu einem Liter Flüssigkeit fassen kann. Ihre Muskulatur ist glatt und dehnbar.

Du merkst sicher, wenn die Blase drückt und Du auf die Toilette musst. Glücklicherweise haben wir zwei Schließmuskeln, um den Zeitpunkt für das Klogehen zu steuern. Nimm Dir diese Woche Zeit, bewusst auf den Druck und die Entspannung Deiner Blase zu achten, wenn sie sich entleert.

Wie fühlst Du Dich dabei?

_____

Spürst Du oft Druck und hältst noch eine Weile zurück oder gibst Du eher dem Bedürfnis der Entspannung nach?

_____

_____

Schreibe ein Protokoll und notiere Deine Empfindungen.

Suchterkrankungen: Informationen für Eltern, Interessierte und Expert*innen

FASD ist die englischsprachige Abkürzung für Fetales Alkoholsyndrom (Fetal Alcohol Spectrum Disorder). Kinder, deren Mütter während der Schwangerschaft viel Alkohol konsumiert haben, leiden häufig unter angeborenen Fehlbildungen, geistigen Behinderungen, hirnorganischen Beeinträchtigungen, Entwicklungsstörungen und extremen Verhaltensauffälligkeiten.

Die Diagnostik dieser Störung gestaltet sich oft schwierig, weil die Auffälligkeiten sehr unterschiedlich und nicht leicht zu umreißen sind. Meine Therapiekinder brauchen jedenfalls sehr viel Zeit und Geduld und sind schnell überfordert mit den gängigen Bildungsmaßnahmen.

In der Regel ist diese Erkrankung irreparabel. Ich erlebe aber, dass sich bei liebevoller, ruhiger und sehr spezifischer Förderung viel Potenzial und positive Veränderung zeigen.

Bei einer Suchterkrankung geht es stets um ein „Zuviel" und ein „Zuwenig": Ein „inneres Loch" wird mit einem schnell aktivierten „Kick" ausgefüllt.

Sucht kann jeden treffen. Suchtmittel sind überall verfügbar und schon kleinere Krisen, die neue Peergroup oder „einfach nur Spaß haben wollen" können den Einstieg in lebenslange Sucht oder zumindest dauerhafte Suchtgefährdung bedeuten.

Wichtig ist, dass sehr schnell Hilfe angeboten wird. Wenn sich die schädigende Sucht bereits etabliert hat, muss ein gut belastbares Vertrauensverhältnis zwischen Eltern und Helfersystemen aufgebaut werden. Die Rückfallquote – vor allem bei Drogensucht – ist leider sehr hoch. Dadurch kommt es häufig beiderseitig zu großen Enttäuschungen, da nach langer Abstinenz doch wieder Drogen konsumiert wurden.

Entlastungsgespräche für das ganze System sind wichtig. Holen Sie sich als Angehörige*r unbedingt Hilfe. Sie können niemanden heilen, der nicht wirklich geheilt werden möchte. Auch wenn Sie noch so viel Liebe und Zeit aufwenden.

SOS: Was ist zu tun?

Holen Sie sich Hilfe! Im Folgenden umreiße ich kurz die zwei elementaren Phasen einer Sucht-Therapie.

Am Anfang steht die Entgiftung des Körpers durch den Entzug der Droge. Das ist, je nach Gesundheit und Bereitschaft, ein kürzerer oder langwierigerer Prozess. Bei Kindern sind viele gute Angebote nötig, die sowohl Alternativen zum Drogenkonsum als auch Entspannung anbieten. Eine gute Freundesgruppe hilft ebenso wie ein Sportverein.

 Das können Sie tun:

Es braucht viel Geduld, bis neue Verhaltensweisen aufgebaut sind. Geben Sie nicht auf, auch wenn sich Erfolge nur manchmal einstellen!

Viele Kinder und Jugendliche mit suchtspezifischer Vergangenheit müssen vor allem im psychosozialen Kontext nachlernen und nachgenährt werden. Sie konnten in Suchtfamilien selten ein gesundes Maß entwickeln, um ihre echten Bedürfnisse wahrzunehmen und diese auch in die Tat umzusetzen. Was für andere Kinder selbstverständlich ist, muss bei Kindern mit diesen Besonderheiten immer wieder ruhig erklärt, geübt und nochmals gemacht werden.

Die zweite Phase ist eine Psychotherapie mit dem Ziel, die psychische Abhängigkeit der Suchterkrankung zu überwinden. Viele Klient*innen schaffen es häufig über viele Jahre, clean zu sein.

Doch dann passiert etwas Unvorhergesehenes – zum Beispiel der Tod eines Elternteils oder ein Jobverlust – und das Suchtverhalten ist wieder in einem extremen Ausmaß da, um den Schmerz zu betäuben.

Verurteilen Sie niemanden dafür und machen Sie niemandem Schuld- und Schamgefühle. Jeder Mensch, der Probleme hat, sucht für sich Lösungen. Ein Rückfall kann passieren.

Schauen Sie auf das positiv Geleistete in den letzten Jahren und lenken Sie den Fokus auf eine glückliche Zukunft.

Notizen

Eva, das schweigsame Einhorn

Hallo, ich bin Eva, das schweigsame Einhorn.

Ich bin seit drei Jahren in der Einhornschule und meine Eltern sagen immer zu mir, dass ich alles habe, was ich brauche. Ich weiß nicht so recht, was sie damit meinen, denn ich fühle mich sehr einsam.

Am allerliebsten verstecke ich mich im Wald. Ich mag nicht sprechen oder mit den anderen Einhörnern spielen. Sie wollen nämlich nur deshalb mit mir zusammen sein, weil ich jede Menge Spielsachen habe und ziemlich viel Taschengeld bekomme.

Ich habe ein sehr schönes buntes Horn, doch mein Fell ist leider dunkelblau. Die anderen Einhörner sind viel schöner als ich, das sagt auch meine Mama.

Mama kauft mir immer bunte Umhänge, die ich anziehen soll, damit ich bunt und lustig aussehe. Ich will aber gar nicht bunt und lustig sein! In den langen Umhängen kann ich mich kaum bewegen. Deshalb ziehe ich sie im Wald immer heimlich aus.

Meine Eltern haben kaum Zeit für mich. Sie arbeiten viel und treffen sich lieber mit den wichtigen Einhörnern zwischen den Wolken, als für mich da zu sein. Sie führen dringende Gespräche und vergleichen mich mit Einhörnern, die mehr können als ich. Das macht mich sehr traurig.

In den letzten Jahren haben Mama und
Papa ein goldenes Einhornschloss gebaut.
Dort leben wir jetzt. Überall stehen und
hängen wertvolle Dinge herum, die ich
nicht anfassen darf. Mir gefällt es zuhause
nicht.

Überhaupt soll ich mich nicht schmutzig
machen oder laut sein. Ich fühle mich fehl am
Platz. Irgendwann habe ich deshalb aufgehört zu reden.
Es hat mir sowieso niemand mehr zugehört.

Seitdem ich klein bin, passen viele unterschiedliche
große Einhörner auf mich auf. Manchmal weiß ich
nicht einmal ihre Namen. Sie kommen aus anderen
Einhornländern und ich kenne ihre Sprache nicht.
Meine Eltern meinen, dass das gut für mich ist, weil
ich später auch viele fremde Sprachen sprechen
kann. Aber jetzt verstehe ich gar keine Sprache mehr
richtig gut.

Weil meine Lehrerin mit meiner Mama
geredet hat, gehe ich einmal in der Woche
in eine Gruppe mit anderen Einhörnern, die
auch nicht viel sprechen. Dort sind zwei große,
alte Einhörner, die mit uns schöne Übungen
machen. Am liebsten mache ich die Übungen zu
meinem Körper.

Wenn ich später einmal groß bin und selbst kleine
Einhörner habe, werde ich ganz viel Zeit mit ihnen
verbringen. Das nehme ich mir ganz fest vor.

Bis dahin male ich alle meine guten Gefühle auf.
Mach doch gleich mit! Das geht so:

Evas gute Gefühle-Übung

Mit welchen guten Gefühlen fühlst Du Dich wohl? Liebe, Freude, Glück, Leichtigkeit, Entspannung, Spaß, Zuwendung, Nähe ...

Male ein großes Bild, in dem Du alle Deine guten Gefühle aufschreibst und aufmalst. Schreibe dann jene Situationen auf, die Du damit verbindest.

Welche Menschen beziehst Du mit ein? Zeichne nur liebevolle und stärkende Menschen in das Bild.

Dieses Bild kann Dich über lange Zeit begleiten und unterstützen.

Kennst Du besonders schöne Plätze, an die Du Dich erinnerst? Geben sie Dir Kraft und Energie? Dann möchte ich Dich zur folgenden Übung einladen.

Evas schöne Plätze-Übung

Stell Dir alle schönen Plätze in und um Deinen Körper herum vor. Nimm Dir Deine bisher gemalten Körperbilder und alle Dinge, die Du gerne magst, zur Hand und umgib Dich damit.

Atme ruhig und sehe vor Dir Deine liebsten Wünsche.

Wie fühlst Du Dich?

_____

_____

Was spürst Du in Deinem Körper?

_____

_____

Was denkst Du?

_____

_____

Danke Deinen Lieblingsmenschen für alles Gute, das Du mit ihnen zusammen erlebst.

Atme bewusst und sei sicher, dass Dein innerer Reichtum riesengroß ist und Du alles schaffen kannst, was Du Dir vornimmst.

(Selektiver) Mutismus: Informationen für Eltern, Interessierte und Expert*innen

Normalerweise möchte sich ein Kind der Welt mitteilen. Es brabbelt, lacht und beginnt damit, Töne mit dem Mund zu machen. Nach und nach lernt es zu sprechen.

Wenn das Kind jedoch überhaupt nicht oder aber nur zu bestimmten Zeiten beziehungsweise bei bestimmten Personen spricht, hat das meist tiefgreifende Ursachen.

Zu Beginn erfolgt die Abklärung bei Kinderärzt*innen, ob das Kind gesund ist. Oftmals stehen Trennungsängste, eine ausgiebige „Fremdelphase" oder Traumatisierungen im Raum. Mutistische Kinder bewegen sich bevorzugt am Rand des Geschehens. Sie beobachten Situationen zwar gerne, nehmen an den Handlungen jedoch gar nicht oder nur sehr wenig teil. Oft ist ihnen bereits der Blickkontakt unangenehm. Ihnen ist das soziale Miteinander oft zu viel.

Hochbegabte Kinder oder Kinder mit einem sehr hohen Perfektionsanspruch können ebenso ein mutistisches Verhalten zeigen. Mutismus tritt bisweilen in Kombination mit Angststörungen, Tics und Zwängen auf.

SOS: Was ist zu tun?

In der Betrachtung von Mutismus geht es um Ausnahmen.

Folgende Fragestellungen können hilfreich sein.

1. *Wann, wie und mit wem geht das Kind in Interaktion?*
2. *Wie kommuniziert es?*
3. *Was kann es gut?*
4. *Wie äußert es seine Bedürfnisse?*
5. *Wo und bei wem fühlt es sich wohl?*
6. *Wie entwickelt sich das Kind im Vergleich zu Gleichaltrigen?*

7. Hat das Kind selbst einen Leidensdruck oder entsteht dieser durch die Erwartungen des Umfeldes?
8. Braucht das Kind mehr Zeit für seine Entwicklung?
9. Wie war die Sprach- und Bewegungsentwicklung?
10. Wie fand und findet Kommunikation im Umfeld des Kindes statt?

 Das können Sie tun:

Bei der Behandlung von Mutismus sind kreative Methoden und hier vor allem Tiertherapie (zum Beispiel Hippotherapie) sehr sinnvoll.

Ich arbeite gerne mit Gefühlskarten, auf denen Kinder in vielen Lebenssituationen zu sehen sind, und erzähle Geschichten dazu.

Musikinstrumente sind ebenfalls gute Mittel, damit über die rein sprachliche Kommunikation hinaus ein musikalischer Ausdruck gefunden werden kann.

Mit Handpuppen, Verkleidungen und Bewegung lässt sich ebenfalls viel bewirken.

Spaß, Lachen und Freude sind generell die Schlüssel zur Kontaktaufnahme.

Wenn mutistische Kinder für sich eine Ausdrucksform gefunden haben, entwickelt sich das Sprechen in weiterer Folge oft sehr rasch.

Notizen

Miranda, die Haare ausreißende Elfe

Hallo, ich bin Miranda, die grüne Elfe.

Meine langen Haare sind rosarot und sehr, sehr lang. Am liebsten tanze ich in der Nacht mit meinen Freundinnen Bella und Amina zwischen den Wolken Mondtänze. Einmal ist mir etwas Schlimmes passiert und seitdem ist nichts mehr so, wie es einmal war.

Meine Freundin Bella hat grünblaue Haare. Aminas Haar ist sonnengelb. Wir drei kennen uns bereits aus dem Elfenkindergarten und verbringen gerne viel Zeit miteinander. Am liebsten spielen wir mit Tüchern, in denen wir uns verstecken. Außerdem sammeln wir Glaskugeln, Perlen und Eiszapfen, mit denen wir zauberhaft elfische Musik machen.

Unser Lieblingsplatz ist eine Klippe am Ozean. Ich mag das Meeresrauschen und den starken Wind. Regelmäßig fahren dort große Schiffe vorbei, denen wir zuwinken. Wenn die Gischt an die Felsen klatscht, singen wir gemeinsam die Töne der Wellen nach.

Unsere Eltern sind Windfeen und viel unterwegs. Manchmal sehen wir nur kurz ihren Schweif und wie sie Glitzer in unsere Richtung streuen. Wir lieben es, durch die Luft zu wirbeln, uns hinter Wolken zu verstecken und vom Schnee bedeckt zu sein.

Bella hat früher ihren guten Koboldfreund Marso mitgebracht. Er kann ganz toll Trompete spielen, hat feuerrote Haare und eine tiefe Stimme. Gemeinsam mit Marso tanzten wir hoch oben auf den Klippen. Weil er nicht fliegen konnte, hielten wir ihn fest an den Händen und zogen ihn mit uns in die Lüfte. Er hat dabei so laut gelacht und trompetet, dass ihm die Schiffshörner sogar zurückgetutet haben.

Oft tanzten wir im Mondenschein, während uns der Lichtkegel des Leuchtturms anstrahlte. Doch eines Tages stürmte es besonders stark und die Wellen schlugen fester gegen unsere Klippe als jemals zuvor.

Und dann ist es passiert: Marso drehte sich schnell im Kreis und rutschte mit seiner Trompete auf der Klippe aus. Er schlug mit seinem Kopf an und blutete stark. Wir erschraken fürchterlich und flogen mit ihm sofort ins Fabelkrankenhaus, wo sich die Waldfeen gut um ihn kümmerten.

Leider blieb Marso krank und musste für lange Zeit im Fabelkrankenhaus bleiben. Er konnte nicht mehr tanzen und auch nicht mehr Trompete spielen. Das machte uns alle sehr traurig.

Am Tag nach Marsos Unfall begann ich, meine Haare auszureißen. Danach fühlte ich mich etwas besser. Aber noch viel lieber würde ich schreien und weinen. Das traue ich mich jedoch nicht. Ich fühle mich schuldig, obwohl ich weiß, dass ich nicht an Marsos Unfall schuld bin.

Um die Schuldgefühle loszuwerden, habe ich immer wieder an meinen Haaren gerissen. So lange, bis ich lauter Löcher auf meinem Kopf hatte. Zum Glück sind meine Haare sehr lang. Damit man die hässlichen Löcher nicht sieht, binde ich sie manchmal auch zu einem großen Dutt zusammen.

Zu der Klippe fliegen Bella, Amina und ich nicht mehr. Dafür besuchen wir jetzt manchmal eine gelbe Elfe mit grauen Haaren, die mit uns ganz viele Übungen macht. Die Übungen machen uns Spaß.

Marso besuchen wir auch oft. Ich glaube, das freut ihn.

An manchen Tagen, wenn ich mich besser fühle, reiße ich meine Haare nicht aus. Und dann gibt es diese Tage, an denen ich Angst habe, dass etwas Schlimmes passieren könnte. An den Angst-Tagen rupfe ich so lange an meinen Haaren, bis neue Löcher auf meinem Kopf entstehen.

Insgesamt habe ich das Gefühl, dass die Angst-Tage weniger werden. Aber gerade an den Angst-Tagen freue ich mich sehr auf die Übungen.

Meine Lieblingsübung ist die Wünsche-Übung.

Willst Du sie auch probieren?

Mirandas Wünsche-Übung für die Zukunft

Überlege, welche Wünsche sich in Deinem Leben schon erfüllt haben.

Was wünschst Du Dir für Deine Zukunft?

_____

_____

Schreibe verschiedene Wunschzettel und lege sie in eine geheime Schatzkiste, von der nur Du weißt. Verstecke diese Schatzkiste an einem sicheren Ort, zu dem ebenfalls nur Du Zugang hast.

Denke ab nun zweimal am Tag an Deine Wünsche für die Zukunft und die Möglichkeiten ihrer Erfüllung.

Hole Deine Schatzkiste immer wieder aus Deinem Versteck und kontrolliere, welche Deiner Wünsche sich bereits erfüllt haben und welche sich noch erfüllen können.

Was verbindest Du mit Deinen Schätzen?

_____

_____

Denke an alle vergangenen und neuen Schätze in Deinem Leben. Wo halten sich vielleicht weitere versteckt?

_____

_____

Wenn ich unruhig werde und meine Haare ausreißen will, macht die gelbe Elfe Atemübungen mit mir. Es hat länger gedauert, bis ich mich daran gewöhnt habe. Doch inzwischen fällt mir das ruhige Atmen schon leichter.

Die gelbe Elfe zählt langsam bis 20 und ich atme in dieser Zeit langsam ein. Dann blase ich die Luft laut wieder aus. Wir machen das mehrere Male hintereinander.

Danach soll ich mir im Raum etwas Schönes aussuchen, das ich besonders gerne ansehe. Wir sprechen darüber, wie ich mich fühle, und ich konzentriere mich auf meine guten Gefühle und Gedanken.

Ich möchte Dich nun dazu einladen, gemeinsam mit mir die Atemübung zu machen.

Mirandas Atemübung

Achte in den folgenden Minuten ganz genau auf Deine Atmung. Sie gibt Dir einen gesunden Lebensrhythmus vor. Das wichtigste Organ ist dabei die Lunge. Ihre Aufgabe ist es, den Gasaustausch zwischen wertvollem Sauerstoff (O_2) im Blut und dem Abtransport von verbrauchtem Sauerstoff in Form von Kohlendioxid (CO_2) sicherzustellen. Der Gasaustausch in der Lunge ist überlebenswichtig, denn der Körper braucht Sauerstoff für die meisten Stoffwechselvorgänge in den Zellen.

Hole nun bewusst tief Luft. Wie fühlt sich das für Dich an?

_____

_____

Nimm die Qualität der Luft wahr. Gibt es eine „Lieblingsluft" für Dich?

_____

_____

Welche Jahreszeiten mit ihren Lüften magst Du besonders gerne?

_____

_____

Bist Du lieber draußen oder drinnen? Zum Beispiel zu Hause, bei Freund*innen, in der Schule, auf dem Spielplatz oder im Wald?

_____

_____

An welchen Orten fühlst Du Dich ganz besonders wohl?

_____

_____

Hole tief Luft und genieße alles rundherum.

Haare ausreißen (Trichotillomanie): Informationen für Eltern, Interessierte und Expert*innen

Die psychische Störung der Trichotillomanie beschreibt den Zwang, sich selbst seine Haare auszureißen. Der Begriff ist zusammengesetzt aus den griechischen Wörtern thrix (Haar), tillein (rupfen) und mania (Raserei, Wahnsinn).

Nägelkauen steht häufig in Verbindung mit Trichotillomanie und tritt nicht selten zuerst auf. Im Vorschulalter sind Jungen und Mädchen gleich häufig von Trichotillomanie betroffen. Im Jugend- und Erwachsenenalter dagegen zeigt sich diese psychische Zwangsstörung häufiger bei Mädchen und Frauen.

Das regelmäßige Haareausreißen betrifft auch Wimpern, Augenbrauen, Scham- und Achselhaare. Bei einigen Klient*innen passiert das sehr unbewusst und automatisch, was eine Behandlung oftmals schwierig macht.

Bei manchen Menschen kommt es vor, dass sie die ausgerissenen Haare essen. Dies kann zu ernsten Problemen führen, da Haare nicht verdaulich sind.

Die Auslöser für Trichotillomanie haben immer mit Stress und dem Versuch zu tun, Ausgleich und Entlastung zu finden. Einige Klient*innen perfektionieren ihre Zwangsstörung derart, dass sie nur ein bestimmtes Muster ausreißen, täglich zur selben Zeit und mit einem Ritual versehen. Vor dem Reißen muss beispielsweise bis zehn gezählt werden.

Die betreffenden Personen schildern, dass sie sich nach dem Reißen entspannter und weniger unter Druck gesetzt fühlen.

SOS: Was ist zu tun?

Die Behandlung von Trichotillomanie braucht Zeit und Geduld. Wenn Menschen sich entschieden haben, professionelle Hilfe in Anspruch zu nehmen, ist die Störung meist bereits sehr ausgeprägt.

Da die Ursachen für diese Symptomatik sehr unterschiedlich sind, ist es ratsam, die Auslöser zu erkennen. Dahinter kann eine Traumatisierung stecken, wie auch Mobbing in der Schule oder diffuse, schwer greifbare Ängste.

 Das können Sie tun:

Gemeinsam mit den Betroffenen müssen alternative Handlungsmöglichkeiten entwickelt werden, wenn der Druck zum Haareausreißen entsteht. Reize können deutlich erhöht werden.

Wie bei anderen Selbstverletzungen helfen auch hier Gummibänder an den Handgelenken. Durch das Ziehen an den Gummibändern und deren Zurückschnellen kann der Impuls, sich weh zu tun, erst einmal kurzfristig unterbrochen werden. Auf diese Weise wird die Aufmerksamkeit umgelenkt.

Genauso funktioniert die Ablenkung durch Reizunterschiede von Wärme und Kälte, den Genuss intensiv schmeckender Speisen sowie scharfer Bonbons oder Kaugummis. Der Fokus der Aufmerksamkeit wird umgelenkt und ein weniger gefährliches Verhalten ausgeübt.

Regelmäßige Entspannungs- und Stabilisierungsübungen können in Form von täglichen Ritualen stattfinden, wie etwa:

- *morgens: 10 Minuten Yoga*
- *mittags: bewusstes, langsames Essen mit Blick auf die Geschmackserlebnisse*
- *abends: Atemübung und Abklopfen, den Tag verabschieden und mit guten Gedanken einschlafen*
- *zeitlich unabhängig: Menschen, die man gerne mag, liebe Dinge sagen.*

Hinweis: Viele Klient*innen treiben sehr intensiv Sport. Das kann gut helfen, den Druck nach extremen Körpererlebnissen auszuleben. Allerdings stellt sich auch hier die Frage nach dem richtigen Maß. Die Kombination von täglichem, stundenlangem Gewichtheben mit muskelaufbauenden Medikamenten kann die Organe ebenso langfristig schädigen wie regelmäßiger Substanzmissbrauch. Verhaltenstherapeutische Übungen mit einem gut strukturierten Wochenplan helfen.

Folgende Formulierungen Klient*innen gegenüber haben sich bewährt:

- *„Mache einen Wochenplan, in dem Du täglich mindestens eine Körperübung Deiner Wahl für zehn Minuten ausübst."*
- *Und/Oder: „Wenn das Bedürfnis nach Konsum stark wird, rufe eine Deiner Notfallnummern an."*
- *Und/Oder: „Entwickle ein Bewertungssystem mit fünf Punkten für gelungene Aktivitäten, die Du Dir vornimmst."*

  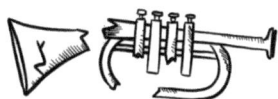 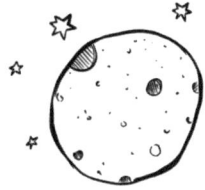

Notizen

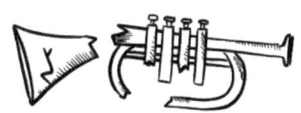 

Lino, der beißende Riese

Hallo, ich bin Lino, der beißende Riese.

Alle, die mich zum ersten Mal sehen, denken, ich bin mindestens 130 Jahre alt. Dabei bin ich erst 99. Ich bin sehr groß und mein Kopf ist riesig. Die Kinder lachen mich alle aus, weil meine Füße doppelt so groß sind wie ihre eigenen. Sie rufen immer „Monsterriese" hinter mir her. Wie gemein!

Oft sitze ich allein in meiner Höhle und weine leise vor mich hin. Als ich klein war, habe ich eine Krankheit bekommen. Mein Kopf und meine Füße schwollen an und man hat mir die falsche Medizin gegeben. Mir ging es zwar nach einiger Zeit wieder besser, aber Kopf und Füße sind so groß geblieben.

Meine Eltern wollten nicht, dass ich operiert werde. Mein Vater sagt immer zu mir, dass ich etwas ganz Besonderes bin, aber das will ich gar nicht sein. Ich will lieber genauso sein wie alle anderen Riesen auch.

In unserer Schule arbeitet ein großer, rothaariger Zottelriese, der immer einen Bergkristall um den Hals trägt. Er heißt Blumo und ist sehr freundlich. Seit Kurzem holt er mich regelmäßig aus meiner Klasse ab, um bei mir zu sein. Im letzten Schuljahr habe ich nämlich jene Kinder, die mich so böse geärgert haben, ganz oft gebissen und ihnen ihre Sachen weggenommen.

Weil meine Zähne so lang sind, tat das richtig weh. Mir hat das Beißen Spaß gemacht. Die fiesen Kinder schrien und weinten, und ich fand, sie hatten sich ihre Schmerzen auch verdient.

Irgendwann rief dann meine Lehrerin meinen Vater an, dass ich ab jetzt zum rothaarigen Riesen gehen muss. Ich war vorher ängstlich, doch als ich bei ihm in den Übungsstunden war, hat es mir dort gut gefallen.

Also erzählte ich ihm, dass ich die Kinder beiße – aber nicht, dass ich ihnen ihre Sachen wegnehme. Meine Hände sind so groß, da fällt das nicht auf. Vor allem wenn wir turnen, kann ich ganz schnell ihre großen Felsen und Bergkristalle stehlen.

Blumo spricht und lacht mit mir, wir machen Spiele und gehen oft nach draußen. Bei ihm muss ich nicht böse sein. Er lässt mir Zeit, alles auszuprobieren, und lacht mich nicht aus.

Sehr gerne mag ich seine Übungen zu den Büchern, Wörtern und Talenten.

Probiere sie einfach aus, wenn Du Lust hast.

Linos Übung zu den Lieblingsbüchern

Welche Lieblingsbilderbücher hast Du und welche Märchen magst Du?

_____

Denke an die schönsten Seiten aus den Büchern und Geschichten, die Du gerne hast. Warst Du manchmal ein Teil davon?

_____

Welche Figuren magst Du besonders gerne?

_____

Gibt es ein Lieblingskuscheltier, das Dich immer noch begleitet und vielleicht sogar in Deinem Bett liegt?

_____

Welche Spielzeuge hast Du gerne?

_____

Was hast Du gerne mit wem gespielt oder tust es noch?

_____

Tauche ein in Deine Kinderwelt. Nimm Dir Zeit, alles herzuholen und aufzuschreiben, was Dir wichtig ist und war.

_____

Welche Empfindungen hast Du, wenn Du an Deine Kindheit denkst?

_____

93

Linos Wörterübung zum Hören und Reden

Wir hören täglich viele Wörter. Über was redest Du gerne und mit wem?

_____

_____

Achte bewusst darauf, welche Wörter Du gerne hörst. Versuche, nur diese guten Wörter in Deinen Kopf zu lassen. Nimm bewusst wahr, was Du selbst sagst und auch denkst. Unsere Sprache ist Realität und formt unsere Gedanken. Achte deshalb besonders gut auf Deine eigenen Gedanken und Wörter.

Wie geht es Dir am Abend? Mache Dir Notizen.

Linos wunderbare Talente-Übung

Nimm Dir Zeit, um all Deine wunderbaren Talente aufzuschreiben und aufzuzeichnen.

Frage auch Deine Familie und Deine Freund*innen, was ihnen dazu einfällt.

_____

_____

_____

Denkst Du vielleicht, alle Dinge, die Du kannst, sind ganz selbstverständlich?

_____

Jeder Mensch hat ganz unterschiedliche Talente und Fähigkeiten. Was hast Du mit Deinen besonderen Fähigkeiten bislang gemacht?

_____

_____

Was möchtest Du noch gerne damit anstellen?

_____

Wer oder was kann Dir bei der Erfüllung Deiner Wünsche helfen?

_____

Was kannst Du selbst zur Erfüllung Deiner Wünsche beitragen?

_____

Aggressives Verhalten bei Kindern: Informationen für Eltern, Interessierte und Expert*innen

„Kein Kind schlägt ohne Grund!", heißt es. Um aggressives Verhalten zu verstehen, muss das gesamte Umfeld des Kindes beziehungsweise des/der Jugendlichen betrachtet werden. In der Regel ist Aggression ein Hilferuf, weil bislang andere Grenzziehungen nicht zum erwünschten Erfolg geführt haben. Das Kind hat also gelernt, seine Ziele nur mit Gewalt erreichen zu können, was langfristig zu einer sozialen Ausgrenzung führt.

SOS: Was ist zu tun?

Grundsätzlich kann man sagen, dass Kinder, die selbst Gewalt, Verwahrlosung und Mobbing ausgesetzt sind oder waren, dieses Verhalten auch verstärkt selbst einsetzen. Kinder brauchen vernünftige und ausgeglichene Vorbilder, um ein gutes Sozialverhalten zu lernen. Erwachsene sollten daher sofort und nachhaltig Position beziehen, wenn gewaltvolle Grenzverletzungen stattfinden.

 Das können Sie tun:

Kinder mit aggressivem Verhalten brauchen unsere Unterstützung. Folgende Fragen können uns helfen, das Verhalten des Kindes besser zu verstehen:

1. Gibt es liebevolle und unterstützende Erwachsene in der Umgebung des Kindes?

Für jedes Kind ist ein Platz wichtig, an dem es sich bedingungslos angenommen fühlt. Wenn Kinder dieses Glück nicht haben, braucht es mindestens eine Person im nahen Umfeld, die es einfühlsam und vorurteilsfrei begleitet. Das ist auch im professionellen Kontext möglich. Die Kinder erleben ein „Nach-Nähren" von positiven Bindungen, die ihnen langfristig dabei helfen, gute Beziehungen für sich zu entwickeln.

2. Hat das Kind genügend Raum für seine Bedürfnisse?

Jedes Kind braucht genügend Raum, um die Welt zu entdecken und Neues auszuprobieren. Ist das Kind vielen Verboten und ständigen Einschränkungen ausgesetzt? Begrenzungen führen zu Ärger.

3. Kennt sich das Kind in seiner Welt aus?

Kinder brauchen klare Aussagen wie „Nein" oder „Stopp", die eine Grenze markieren. Zu viele Wörter verunsichern und überfordern Kinder und nehmen gleichzeitig die Kraft der Grenzziehung. Gehen Sie daher lieber sparsam mit Regeln und Verboten um.

4. Gibt es klare Regeln?

Je klarer die Regeln für Kinder sind, desto sicherer können sie sich in diesem zuverlässigen Regelsystem auch entwickeln. Klare Essenszeiten, Rituale und Erwachsene, die eine Vorbildfunktion haben, sind dazu geeignet, grenzverletzendes Verhalten bei Kindern und Jugendlichen zu beenden.

5. Werden positive Veränderungen anerkannt?

Wir alle wissen, wie schwer es ist, ein angewöhntes Verhalten zu verändern. Deshalb ist es sehr wichtig, auch kleinere positive Veränderungen zu loben und hervorzuheben. Für Kinder ist die Steuerung der Impulskontrolle nicht leicht, insofern ist es für das Kind sehr wichtig, in seinem Bestreben, sich aktiv verändern zu wollen, gesehen zu werden.

6. Was tun, wenn sich das aggressive Verhalten nicht ändert?

Wenn alle Maßnahmen nicht helfen und ein Kind weiterhin tritt, beißt, schlägt und andere Kinder quält, müssen Fachpersonen hinzugezogen werden. Vor allem bei kleinen Kindern sind psychotherapeutische Behandlungen mit Spiel- und Tiertherapie sehr wirkungsvoll.

97

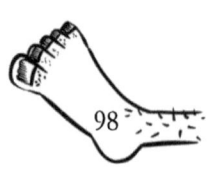

Notizen

99

Elazar, der ängstliche Flugdrache

Hallo, ich bin Elazar, der ängstliche Flugdrache.

Als ich klein war, wurde ich mit meinen
Geschwistern Samara und Felix
in unserem Nest vergessen.
Unsere Eltern waren starke
leuchtendblaue Flugdrachen, die mit
Flammenschwertern und Wurfspießen
gut auf unseren Zauberwald aufpassten.
Alle Fabelwesen, die sich fürchteten,
kamen zu uns und holten sich Hilfe.

Vor langer Zeit hörten wir mitten in der Nacht einen
ohrenbetäubenden Lärm und der ganze Himmel
war erfüllt von hellen Lichtern und angstvollen
Schreien. Meine Geschwister und ich haben uns eng
zusammengekuschelt und die Augen zugemacht.

Manchmal blinzelten wir und sahen,
wie große schwarze Flugdrachen
mit Flammenschwertern
unseren Zauberbaum anzünden
wollten.

Unsere Eltern flogen ihnen
entgegen, warfen Feuerkugeln
und verteidigten den ganzen
Zauberwald.

Ich hielt meine Geschwister fest und wir zitterten alle sehr. Der Kampf dauerte stundenlang.

Irgendwann wurde es ruhiger. Der Himmel wurde wieder dunkler und überall loderten viele Feuerherde. Es gab jede Menge Rauch und Gestank. Als es ganz leise war, haben Samara und Felix sehr geweint. „Mama! Papa!", rief ich immer wieder. Doch wir bekamen keine Antwort.

Alles blieb still. Die anderen Drachen waren weg. Auch am nächsten Tag machten unsere Eltern keinen Mucks und die darauffolgenden Tage auch nicht. Bis heute wissen wir nicht, was mit Mama und Papa passiert ist.

Nach langer Zeit sahen wir unseren Großvater aus der Ferne mühsam und schief in unsere Richtung wanken. Er wohnte weit entfernt und hatte nur noch einen Flügel. Begleitet wurde er von dem großen, alten Zauberer, der nur noch ein Bein hatte. Beide brauchten sehr lange, bis sie bei uns waren. Opas zweiter Flügel war auch verletzt, ebenso seine Füße. Er humpelte mit schmerzverzerrtem Gesicht auf seinen alten Drachenpfoten.

Als Opa bei unserem Nest war, haben wir lange geweint und uns fest umarmt. Er wusste zwar auch nichts von unseren Eltern, brachte uns zum Glück aber leckere Sachen zum Essen mit. Wir hatten wirklich schon riesengroßen Hunger.

Opa sagte zu mir, dass ich als großer Bruder ab jetzt für die Familie sorgen muss. „Wie soll das gehen?", fragte ich Opa. „Ich bin doch noch so klein!"

Gemeinsam flogen wir zu den Waldbeerbüschen, Seen und Wildschweinhainen und Opa zeigte mir, wie man jagt und sammelt. Das war wirklich harte Arbeit und gefiel mir gar nicht, aber ich konnte meine Geschwister nicht verhungern lassen.

Samara begann zu lachen, wenn ich sie fütterte, und zeigte auf mein linkes Auge und meine Drachenzunge. Dann lachte auch Felix, der schon sprechen konnte. Er sagte, dass meine Augen immer im Wechsel zucken und meine geschlitzte Drachenzunge hin- und herflattern würde.

Für mich fühlt sich zwar alles in Ordnung an, aber die anderen Drachen versuchen, sich das Lachen zu verkneifen, wenn sie mich sehen.

Oft weine ich heimlich, weil ich meine Eltern vermisse. Die anderen sollen nicht mitbekommen, dass ich weinen muss.

Samara blinzelt zwar viel mit ihren schönen rosaroten Augen, doch manchmal schreit sie schlimme Wörter, die man eigentlich gar nicht sagen darf. Ich schäme mich dann sehr für sie und halte ihr mit aller Drachenkraft den Mund zu. Es bricht aber immer wieder aus ihr heraus und ich kann ihr nicht helfen.

Kein Wunder, dass Samara traurig ist, weil die anderen Flugdrachen wegen der schlimmen Wörter nicht mit ihr spielen dürfen.

Felix beginnt manchmal, seinen Kopf gegen die Bäume zu schlagen, und wir halten ihn dann mit vereinten Kräften fest, damit er sich nicht zu sehr verletzt.

Du siehst, wir haben es wirklich nicht leicht, obwohl wir alle überlebt haben.

Unser Opa hat uns vor einiger Zeit einen schönen, sicheren Ort in unserem Zauberwald gezeigt, wo es eine warme Quelle mit einem Wasserfall gibt. Dort wohnen gute Fabelwesen, die viel Zeit für uns haben. Sie sind zwar keine echten Dracheneltern, aber sie helfen uns, damit es uns besser geht.

Wir machen am Wasserfall mit den anderen Fabelwesen jeden Morgen schöne Körperübungen. Eine gute Übung ist das „Abklopfen und Tönen".

Das ist bestimmt auch etwas für Dich!

Bei dieser Übung habe ich das Gefühl, selbst etwas bestimmen zu können. Dann werden die Töne leiser und das Abklopfen sanfter, so dass ich mich wieder ruhig fühle.

Elazars Übung zum Abklopfen und Tönen

Nimm beide Hände und klopfe Deinen Körper zweimal kräftig von oben nach unten mit den Händen ab. Blase die Luft dabei aus. Manchmal ist es auch gut, laute Töne zu rufen wie „Ha Ta Ka" und sie in eine bestimmte Richtung zu schicken. Noch mehr Töne gibt es in der folgenden Übung.

Elazars melodische Übung zum Musik machen

*Am Wasserfall gibt es viele Steine und Hölzer und wir machen
mit ihnen Musik. Es braucht nicht viel, um Spaß
zu haben und neue Dinge auszuprobieren.
Wir suchen einen gemeinsamen Rhythmus,
improvisieren und singen dazu. Ob Wasserfall
oder ein anderer Ort: Probiere es aus. Danach fühlst
Du Dich viel leichter.*

Hast Du Lust auf Abenteuer? Dann probiere die Übung
mit den alten Mammuts aus.

Hinter den Wasserfällen im Zauberwald leben
uralte Mammuts, die gemütlich im Gras
liegen, fressen und mit uns spielen. Wir
dürfen uns auf ihren Rücken setzen, sie
streicheln und uns an sie anlehnen. Das
tut mir sehr gut. Ich mag die Körperwärme,
ihren Geruch und dass ich mich so anlehnen kann. So
habe ich mich oft gefühlt, wenn ich mich im Nest an
Mama und Papa gekuschelt habe.

Meine Freunde sagen, dass in dieser Zeit meine Augen
nicht zucken und meine Zunge ruhig im Mund liegt.
Felix und Samara lieben das auch, sie reiten
aber lieber auf Einhörnern und kleinen
Drachen, weil diese schneller sind und
galoppieren und fliegen können.

Elazars Ritt auf dem Mammut-Pony

*Anstelle von Mammuts kannst du auch auf Ponys reiten.
Die Körperwärme eines Pferdes und sein Rhythmus sind sehr
wohltuend und helfen Dir dabei, das eigene Körperbewusstsein zu
unterstützen und Vertrauen zu entwickeln.*

Oder besuche einen Streichelzoo. Du wirst sehen, wie schön es ist, kleinere Tiere zu berühren. Vielleicht hast Du auch eine Katze, ein Meerschweinchen oder einen Hund? Tiere helfen uns, uns zu beruhigen sowie Vertrauen zu entwickeln und Verantwortung zu übernehmen.

 Mein Bruder Felix liebt es, die großen Felswände am Wasserfall bei der Quelle zu bemalen. Er mischt sich seine Farben aus Ton, Beeren und Gräsern zusammen und ist überglücklich, wenn er die Höhlen unter dem Wasserfall bunt machen kann. Sie sind wie große Plakatwände und dienen wie bei den Menschen in der Steinzeit zum Erzählen und Verarbeiten des Erlebten und Geschehenen.

Das Rauschen des Wassers ist wie Musik für ihn und er taucht ganz in seine Malerei ein, vergisst alles um sich herum und lächelt.

Obwohl Felix noch so klein war, als Mama und Papa verschwanden, malt er alles ganz genau auf, was in dieser Nacht passiert ist. Er malt, wie wir ängstlich im Nest sitzen und Mama und Papa uns mit Feuerkugeln verteidigen. Die bösen, schwarzen Drachen fliegen auf uns zu und im Hintergrund ist der brennende Zauberwald.

Seit Kurzem malt Felix auch unsere Quelle mit Wasserfall und wie wir darin spielen.

Meine kleine Schwester Samara mag nicht auf große Wände malen. Sie liebt die großen Schilfblätter, auf denen sie die Linien und Tautropfen nachzeichnet.

Mondelang sitzt sie da, malt und beruhigt sich. In dieser Zeit sagt sie auch keine schlimmen Wörter. Das Malen tut ihr gut und gibt ihr viel Sicherheit.

Samaras und Felix' kreative Übung mit Papier, Wänden oder Stoff

Nimm eine große Papierrolle und zeichne, kritzle, schreibe, schmiere, klebe und male, was Dir auf Deinem Herzen liegt. Sobald Deine Erfahrungen außerhalb Deines Körpers sind, fühlen sie sich meistens leichter an.

Manche Menschen lieben den Ausdruck im Großen und sie besprühen Wände mit Graffiti, bemalen Bettwäsche und riesige Papierwände. Andere wiederum lieben Mandalas, wo die Begrenzungen schon vorgegeben sind und die Innenräume ausgemalt werden können.

Du brauchst nur Farben, Stifte, Papier oder Pappe, womit Du Dich ausdrücken kannst. Es kann jeden Tag auch immer noch etwas Neues hinzugefügt werden, so dass Du ein persönliches Erlebnisbild hast. Manchmal macht es auch Spaß, gemeinsam an einem Bild zu malen.

Male zusammen mit Elazar, Samara und Felix auf die Felswand

Besorge Dir schöne Schwarz-Weiß-Bilder zum Ausmalen. Es können Mandalas sein oder Vorlagen von Tieren, Blumen, Menschen und anderen Formen. Du brauchst nur Stifte und kannst schon loslegen.

Tics und das Tourette-Syndrom: Informationen für Eltern, Interessierte und Expert*innen

Eine gute Nachricht zu Beginn: Wenn Sie bei Ihrem Kind einen Tic wahrnehmen, liegt die Wahrscheinlichkeit, dass dieser von alleine wieder verschwindet, bei etwa 70 Prozent.

Suchen Sie, wenn Sie sich unsicher sind, jedoch nach einiger Zeit einen Kinderarzt oder eine Kinderärztin auf, um zu überprüfen, dass nicht motorische Bewegungsstörungen vorliegen.

SOS: Was ist zu tun?

Bei Tics werden drei unterschiedliche Kategorien unterschieden:

1. *Eine vorübergehende Tic-Störung, die maximal zwölf Monate dauert. Tics können wiederkommen, verschwinden aber oft in oder nach der Pubertät und schwächen sich im Erwachsenenleben weiter deutlich ab.*

2. *Eine chronische Tic-Störung, die über zwölf Monate dauert.*

3. *Das Tourette-Syndrom, das über zwölf Monate dauert und eine kombinierte Störung verschiedener Tics ist.*

Tics zeigen sich sehr unterschiedlich. Häufig ist der Gesichts- und Kopfbereich beteiligt. Schnelle, nicht steuerbare Bewegungen, undefinierbare Laute, schnelles Zucken, Blinzeln und Nicken können ebenso auf einen Tic hinweisen wie regelmäßige nicht nachvollziehbare Bewegungsmuster. Hinter hüpfen, auf die Schenkel schlagen und mit den Händen in der Luft herumwedeln sind daher möglicherweise ebenso Tics verborgen.

Das Tourette-Syndrom zeigt seine Besonderheit darin, dass es häufig eine Kombination aus schnellen Bewegungsabfolgen sowie Lauten mit teilweise sehr obszönen Bemerkungen ist.

Die Ursachen von Tics sind noch nicht vollständig geklärt.

- *Das Tourette-Syndrom kommt beispielsweise gehäuft in einzelnen Familien vor und weist auf eine genetische Disposition hin.*

- *Bei kurzfristigen Tics lässt sich die Herkunft nicht oder nur schwer erklären. Nicht selten liegen bei langfristigen Tics auch ADHS und Zwangsstörungen vor. Vermutet werden Stoffwechselstörungen im Gehirn.*

Kinder, die unter Tics leiden, haben einen enormen Leidensdruck. Sie können, das, was mit ihnen passiert, nicht kontrollieren, werden häufig ausgelacht und aufgefordert, das Verhalten zu unterlassen. Doch das ist nicht (ohne Weiteres) möglich.

 Das können Sie tun:

1. *Bestärken Sie Ihr Kind in seiner Persönlichkeit und akzeptieren Sie es so, wie es ist. Viele Tics gehen einfach vorbei!*

2. *Sollte der Leidensdruck größer werden, holen Sie sich Unterstützung von Psycholog*innen, Therapeut*innen oder Fachärzt*innen.*

3. *Lenken Sie mit dem Kind den Fokus auf alles, was gut funktioniert, und was es selbst erfolgreich schafft.*

4. *Probieren Sie Entspannungsübungen, kreative Therapien mit Kunst, Gestaltung, Tanz, Schreiben und ein spezialisiertes Angebot für Tic-Störungen aus.*

5. *Erklären Sie, wenn nötig, der Lehrkraft und anderen Eltern die Situation. Das Kind braucht in seinem Umfeld eine gute Akzeptanz seiner Persönlichkeit.*

6. *In besonders schweren Fällen wird eine medikamentöse Unterstützung angeboten. Auch hier sollten Sie die Meinung eines Facharztes/einer Fachärztin für Kinder- und Jugendpsychiatrie einholen.*

Notizen

Tessa, die zwanghafte Hexe

Hallo, ich bin Tessa und ich bin eine Hexe.

Manchmal beiße ich so lange an meinen Fingernägeln, bis meine Finger bluten. Ich trage einen großen spitzen Hut und bunte Kleider, die ich aus vielen Stoffen zusammennähe. Ich habe lilafarbene Haare und bin kugelrund.

Meine beiden schwarzen Katzen Anne und Mone fliegen oft mit mir auf meinem Besen durch die Lüfte. Das macht mir am meisten Spaß. Sie sind meine besten Freunde und immer bei mir.

Mama ist leider krank und erkennt mich manchmal nicht, wenn ich sie im Krankenhaus besuche. Dann bin ich sehr traurig und kaue ganz besonders viel an meinen Nägeln. Danach fühle ich mich erstmal besser.

Als ich klein war, wohnten Mama und ich in einem bunten Haus mit grünen Türen und roten Fenstern. Meine Mama sammelte sehr viele Dinge und nahm sie mit nach Hause. Irgendwann war unser Haus so voll mit Kleidern, Flaschen, Büchern, Töpfen und kaputten Möbeln, dass selbst mein Besen im Eck keinen Platz mehr fand.

Zu dieser Zeit begann Mama, seltsame Dinge vor sich hinzusprechen – sogar dann, wenn gar niemand mehr da war. Manchmal erzählte sie mir viele Geschichten von fliegenden Drachen, grummeligen Bergriesen, kleinen Waldwichteln und wunderschönen Feen. Ich fand das alles sehr seltsam.

Mama hatte einen alten Freund. Er hieß „der rote Magier". Er war ein großer Zauberer mit feuerroten Augen und einem violetten Umhang mit goldenen Sternen darauf.

Der rote Magier besuchte uns oft zu Hause und Mama war glücklich. Manchmal tat er Mama mit einem langen, schwarzen Stock weh und Mama weinte. Er versprach jedes Mal, ihr danach ein Glas mit einem echten feuerroten Herzen mitzubringen, das sie ins Regal stellte.

Bald standen sieben unterschiedliche Herzen in Gläsern in unserer Küche und Mama sagte, dass uns jetzt sieben gute Wesen beschützen würden. Mir machte das Angst und ich begann, immer zu einer bestimmten Zeit dreimal mit meinem Besen vor der Tür zu kehren, damit kein böser Geist ins Haus kam. Vorher biss ich meine Finger wund.

Mit den anderen Hexen flog ich gerne in den Wald. Sie wollten aber nicht immer Achter fliegen und danach Sprüche aufsagen. Wenn ich die Dinge wiederhole, fühle ich mich sicherer.

Ich sagte deshalb zu den kleinen Hexen, dass ich nicht mehr mit ihnen spielen würde. Doch das war ihnen egal. Mich machte das sehr traurig.

Meine Mama vergaß oft, Essen zu kochen, und unser Haus wurde immer schmutziger. Irgendwann kamen zwei große Hexen mit ernsten Gesichtern und goldenen Hüten zu uns und sagten, dass Mama Hilfe und Unterstützung braucht, damit sie wieder ganz gesund wird. Sie meinten, ich solle künftig lieber bei meiner Tante Flora wohnen.

Mama und ich weinten beide viel und ich setzte mich auf meinen Besen und flog erstmal mit Anne und Mone in den Wald. Als ich wieder nach Hause kam, hatte Mama unsere Sachen schon gepackt.

 Mama umarmte mich, gab mir ihre goldene geheime Schatzkiste und sagte, dass dies nun meine „Küssebox" sei. Tausende Küsse von ihr waren darin versteckt und immer, wenn ich Mama vermisste, konnte ich die Küssebox öffnen und einen Schmatz von ihr herausholen.

Mit einem dicken roten Stift malte mir Mama Sterne auf die Arme und küsste sie, damit ich sie nie vergessen würde. Wenn ich Mama vermisse, schmiege ich mich an einen Stern.

Ich mag meine Tante Flora. Sie ist jung und lustig, aber viel lieber will ich, dass Mama wieder gesund wird und ich bei ihr sein kann. Als Mama ins Krankenhaus kam, vergrub ich die Herzen in den Gläsern in einer Herzform im Garten. Vielleicht bringen sie uns dort mehr Glück.

Tante Flora cremt meine Hände regelmäßig mit einer duftenden Creme ein und streichelt sie. Sie versucht mich abzulenken, wenn ich an meinen Nägeln beißen will, und spielt mit mir im Wald, wenn ich mit dem Besen kehren möchte.

Mir geht es besser, aber ich vermisse meine Mama trotzdem sehr.

Jeden Tag mache ich die Wünsche-Übung. Komm, mach sie gemeinsam mit mir! Sie ist ganz einfach.

Tessas gute Wünsche-Übung

Widme Dich allen guten Wünschen und schreibe sie auf. Beginne mit fünf guten Wünschen und versuche gleichzeitig, diese bewusst in Deinen Körper hineinzuatmen. Nimm Deinen Körper dabei gut wahr. Wiederhole das mehrmals am Tag.

Der zweite Teil der Übung dient dem „Ausblasen" von störenden Gedanken. Genauso, wie Deine Lunge CO_2 ausstößt und Deinen Körper reinigt, schicke unliebsame Wörter, Gedanken und Vorstellungen mit dem Ausatmen weg von Dir.

Wiederhole dies so lange, bis Dein Kopf vollständig frei von den störenden Gedanken ist.

Wenn sich doch ein negativer Gedanke einschleicht oder wenn ich traurig bin, legt Tante Flora ganz tolle Musik auf und wir tanzen gemeinsam. Wir verkleiden uns und probieren neue Schrittfolgen und Flugfiguren aus, die wir wiederholen. Danach geht es mir besser.

Manchmal tanzen wir in der Luft und es kommen viele Hexen mit ihren Flugbesen dazu. Es tut gut, nicht alleine zu sein.

Tessas Tanzübung

Lege Deine Lieblingsmusik auf und dehne, strecke, hüpfe, springe, kugle und bewege Dich, wie Du es gerne magst.

Wenn Du Dich verkleiden magst, kannst Du alles sein. Ein Fabel- oder Märchenwesen, ein Tier, eine junge, alte, liebe, böse, fantastische oder unauffällige Person. Überall auf der Welt tanzen Menschen. Genieße es, Dich zum Rhythmus der Klänge zu bewegen.

Ich hoffe, dass alle meine Wünsche in Erfüllung gehen und meine Mama wieder gesund wird. Ich würde sehr gerne wieder zusammen mit ihr, Anne und Mone in einem gemeinsamen Haus leben.

Zwangsstörungen: Informationen für Eltern, Interessierte und Expert*innen

Eine Zwangsstörung ist eine schwere psychische Störung, die betroffene Menschen in der Regel stark belastet. Kinder reagieren auf Veränderungen oft schnell mit einem ritualisierten, sich wiederholenden Verhalten, da ihnen dies Sicherheit gibt und die Möglichkeit bietet, etwas Unvorhergesehenes zu ordnen. Kindergarten- oder Schuleinstieg, Umzüge, Trennungen und/oder Abschiede können daher relativ rasch ein Verhalten hervorrufen, das anfangs zwanghaft wirkt. Vieles löst sich im Laufe der Entwicklung glücklicherweise von alleine auf.

Nägel blutig beißen beispielsweise tritt häufig im Kindergartenalter bei Überforderung. Ängsten und Unsicherheit auf und verliert sich meist im Jugendlichenalter von selbst wieder. Durch eine Ersatzhandlung versucht das noch sehr kleine Kind, seine nervliche Anspannung abzubauen und sich auf diese Weise zu beruhigen.

Häufige Zwangsstörungen sind Wasch- und Putzzwänge sowie Kontroll-, Ordnungs- oder auch Zählzwänge. Die Kinder wiederholen dabei ständig die gleichen Handlungen und kontrollieren statt ein Mal lieber zehn Mal, ob der Herd ausgeschaltet oder die Tür geschlossen ist und unter dem Bett niemand liegt. Dabei achten die Kinder meist hartnäckig auf eine exakte Durchführung der Zwangsrituale. Dieses Verhalten überlagert oft den ganzen Alltag und nimmt den Kindern die Lebensfreude und Spontaneität.

Vielfach leidet schon ein Elternteil an Zwangsstörungen. Darüber hinaus entwickeln sich auch Zwangsgedanken, die den Alltag und die Lebensfreude der Klient*innen sehr einschränken können. Ähnlich wie bei suchtkranken Menschen treten Gewöhnungseffekte ein. Daher muss die Dosis der Zwangshandlung immer wieder erhöht werden, was eine Behandlung nicht einfach macht.

Das heißt aber auch: Die vielen nägelkauenden Kinder und Erwachsenen, deren Gewohnheit sich nicht verstärkt, mögen ihr Verhalten als unangenehm empfinden, in pathologischer Hinsicht ist es aber nicht bedenklich.

Sonderfall Waschzwang

Ein Waschzwang ist eine sehr häufige Zwangsstörung, der meist in der Kindheit entsteht. Die Ursachen sind unterschiedlich und können von traumatischen Erlebnissen, Angststörungen oder einem großen Sicherheitsverlust herrühren.

Der Waschzwang wird meist ritualisiert, indem es heißt, es müssen die Hände zum Beispiel immer drei Mal hintereinander gewaschen und fünf Mal abgetrocknet werden. Das wiederholt sich 20 Mal am Tag.

Der tiefe Wunsch hinter einem Waschzwang ist, etwas „bereinigen" oder etwas Schlimmes abwenden zu wollen.

Beispiel 1: Eine zwanghafte, bereits erwachsene Klientin, die in einer Familie mit heroinabhängigen Eltern aufwuchs, in der nie geputzt wurde, verdiente sich nach dem Schulabschluss sechs Jahre lang ausschließlich als Reinigungskraft ihr Geld, um diese Situation nachträglich zu säubern und zu klären. Es ist ihr in ihrem Zuhause außerordentlich wichtig, eine saubere und gepflegte Atmosphäre zu haben.

Beispiel 2: Eine 17-jährige Klientin, die als Kind ihre Mutter an eine Krebserkrankung verlor, nahm sich am Abend vor, für sie zu beten. Sie vergaß es und am Morgen war ihre Mutter tot. Seit diesem Zeitpunkt hat sie das Bedürfnis, täglich in die Kirche zu gehen und sich mit Weihwasser zu reinigen, um dieses Versäumnis auszugleichen.

Bei manifestem Waschzwang ist in der Regel professionelle Hilfe notwendig. Wie bei allen Zwangsstörungen helfen auch bei Waschzwang Ablenkung, kreative Tätigkeiten und Entspannungsübungen sowie eine gut auf das Kind bzw. den/die Jugendliche*n abgestimmte Psychotherapie.

SOS: Was ist zu tun?

Chronifizierte Zwänge erfordern in der Regel eine professionelle psychotherapeutische Behandlung. Meiner Erfahrung nach verschwinden sie leider nicht von allein.

Das können Sie tun:

- *Arbeiten Sie mit dem Kind und seiner Familie an der Ursache und den Auslösern für die zwanghaften Handlungen. Fragen Sie genau nach, in welcher Situation sich die Störung entwickelt und wie sie sich im Verlauf verstärkt hat.*

- *Finden Sie heraus, welche Funktion die Zwangsstörung hat, was sie ausgleicht und was sie entmächtigt.*

- *Anfangs braucht es manchmal spezielle Medikamente, um den Leidensdruck etwas abzuschwächen. Konsultieren Sie mit der Familie in diesem Fall eine*n Kinderpsychiater*in, zu dem/der Sie Vertrauen haben.*

- *In der Psychotherapie arbeite ich oft mit Handpuppen und Rollenspielen, die einzelne Anteile des Verhaltens übernehmen und sichtbar machen. Gemeinsam mit dem Kind können so alternative Ausdrucksmöglichkeiten für die zwanghaften Handlungen entwickelt werden.*

- *Entspannungs- und Körperübungen helfen bei der notwendigen Entspannung. Kreative Methoden wie Malen, Tanzen, Schreiben, Handwerken, Basteln sowie weitere Möglichkeiten, den eigenen Bedürfnissen Ausdruck zu verleihen, sind in einem Therapieprozess darüber hinaus sehr hilfreich. Auch Tiertherapie und sehr strukturierte verhaltenstherapeutische Ansätze haben sich bewährt.*

Für alle Behandlungsansätze gilt: Sie brauchen sehr viel Zeit und Geduld.

Notizen

Weitere Bücher von Sonja Katrina Brauner

Geniale Resilienz – Freunde, Freizeit, Freiheit: Die Besten verraten ihr Erfolgsgeheimnis

Gestärkt zum Erfolg mit Resilienz stärkenden Interviews und Übungen!

Vom preisgekrönten Schüler mit Marsrover-Prototyp über die Boxweltmeisterin bis hin zum international erfolgreichen Schriftsteller gewähren die Interviews Einblicke in die Welt der Hochbegabung, Sensibilität, Willenskraft und Out of the box-Denkweise.

Resilienz Wochenplaner – Wurzeln stärken, entwickeln und fördern

Für noch mehr psychische Widerstandsfähigkeit im Alltag.

In einfachen Übungen führt Sonja als erfahrener Coach ein ganzes Jahr lang durch den eigenen Körper und die in ihm wohnende Psyche – hin zu einer besonders positiven Selbstwahrnehmung und einem intakten Selbstbild. Mit 52 übersichtlichen Resilienz-Wochen zum Eintragen persönlicher Ziele.

Karim auf der Flucht – Das Bilder-Erzählbuch für heimische Kinder und ihre neuen Freunde von weit her (SOWAS!)

Sensibel und ehrlich ermöglicht dieses Mitmachbuch, fremde Menschen ohne Vorbehalte willkommen zu heißen. Ab 6 Jahren.

Mein Achtsamkeit Adventskalender – Für mich und Menschen, die ich gerne mag

Ein Quell der Ruhe, Entspannung und Selbstfürsorge. Mit achtsamen, liebevollen und resilienzstärkenden Übungen für mich und Menschen, die ich gerne mag.

Überall im (Internet-)Buchhandel • editionriedenburg.at

Hanna Grubhofer, Sigrun Eder:
Was brauchst du?
Mit der Giraffensprache und Gewaltfreier Kommunikation Konflikte kindgerecht lösen

Das fröhlich illustrierte Bilder-Erzählbuch unterstützt Kinder dabei, Gefühle und Bedürfnisse zu erkennen, um für jeden eine passende Lösung zu finden. Die Gewaltfreie Kommunikation (GFK) hilft dabei, Konflikte zu lösen.

Zahlreiche Mit-Mach-Seiten zum Malen, Aufschreiben und Reden im Anschluss an die Geschichte befähigen junge LeserInnen dazu, sich selbst und andere besser zu verstehen. Als Bonus-Material gibt es die Tiere und ihre Bedürfnisse zum Ausmalen und Ausschneiden. Auf Karton geklebt können Kinder so ihre eigenen Bedürfniskärtchen basteln und Lösungen für Konflikte finden.

Was brauchst du jetzt?
Mit der Giraffensprache und Gewaltfreier Kommunikation Selbstfürsorge kindgerecht vermitteln

Band 2 des Bestsellers zeigt, wie innere Konflikte mit Hilfe der GFK gelöst werden und Selbstfürsorge kindgerecht vermittelt werden kann.

Was brauchst du im Advent?
Der Familien-Adventskalender in Giraffensprache für Gewaltfreie Kommunikation mit Kindern und Eltern

Zum Ausmalen und Mitmachen für die ganze Familie.

Original SOWAS! Bewährt seit 2008.

SOWAS!
SOWAS-Buch.de

Immer mit interaktivem Mitmach-Teil.

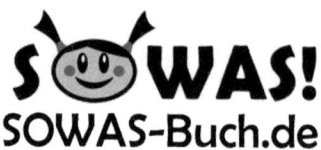

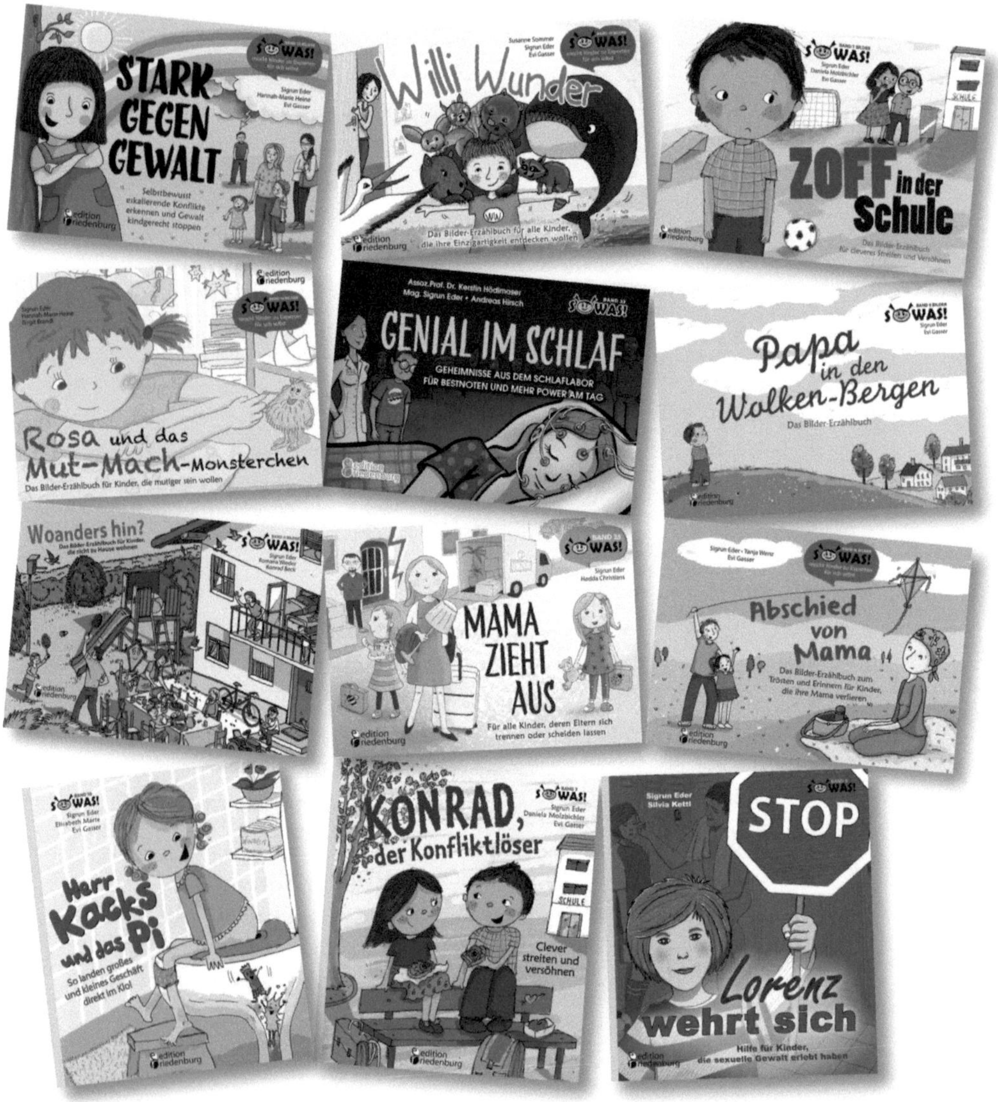

Danke für Deine Buchrezensionen im Internet! • editionriedenburg.at

Skillstraining EXPRESS: Mit den besten Skillsübungen rasch zum Erfolg

Allein oder in Begleitung rasch Problemsituationen erkennen.

Ist Achtsamkeit für dich noch ein Fremdwort und willst du deine Sinne schärfen?

Stehst du unter Stress und kommst du dadurch in unangenehme Situationen?

Möchtest du deine Gefühle besser verstehen und steuern?

Vielleicht hast du bereits einige Dinge ausprobiert, doch das Richtige war noch nicht dabei. Wenn du für einen neuen Weg bereit bist, lies dieses Handbuch. Es führt dich im Express-Modus durch das bewährte Skillstraining. So wirst du rasch ans Ziel kommen und nebenbei deinen Selbstwert magisch steigern.

Lerne, Schattierungen des Lebens zu erkennen und zu akzeptieren.

Schreibe deine eigenen Ideen und Beobachtungen direkt ins Handbuch!

Dieses Buch ist für

• Jugendliche, die Probleme mit Stresstoleranz, Emotionsregulation, zwischenmenschlichen Beziehungen und Selbstwert haben

• Eltern, die ihren Kindern ein fachlich fundiertes Handbuch schenken wollen, das ihnen hilft, sicherer mit alltäglichen und besonderen Herausforderungen umzugehen

• professionelle Anwender, die kreatives Skillstraining als Ergänzung im Einzelsetting und/oder Gruppensetting einsetzen möchten

Überall im (Internet-)Buchhandel • editionriedenburg.at

Das *Nest* für die ganze Familie.

edition riedenburg

editionriedenburg.at